AF758890

Fidèle à sa volonté de maintenir vivant l'ensemble du catalogue et de continuer à rendre accessible à tous la richesse de son contenu, Les marques du groupe L'Harmattan proposent les ouvrages, même s'ils sont épuisés dans leur premier tirage, et les impriment à la demande.
Au vu de l'ancienneté de ce titre, un exemplaire original a été numérisé pour être réimprimé, ce qui pourrait altérer légèrement la qualité de certains passages.

La Corse

dans le miroir sarde

Collection Economiques
dirigée par Pierre-Jean Benghozi

Economiques veut être une collection qui traduise la richesse de la recherche française actuelle en économie et en gestion. A ce titre, elle souhaite rester ouverte à tous les courants de ces disciplines, qu'il s'agisse d'histoire économique, de modélisation, d'analyses sectorielles, d'économie politique, ou de stratégies industrielles... La collection a pour vocation de publier les thèses de jeunes doctorants talentueux comme les ouvrages de chercheurs plus confirmés qui pourront trouver là un espace de diffusion de leurs travaux.
Les lecteurs visés sont bien sûr les économistes et les gestionnaires "de profession". Mais ce sont aussi les "honnêtes hommes" d'aujourd'hui, à la recherche d'outils et de clés de lecture qui leur permettent de mieux appréhender les phénomènes de société auxquels ils sont confrontés dans leur vie quotidienne ou en suivant l'actualité. La collection vise à rendre accessibles des textes et des travaux pointus à un public qui n'est pas uniquement constitué de spécialistes. Les ouvrages publiés dans *Economiques* s'efforcent de mettre donc essentiellement l'accent sur les résultats et les éléments d'explication obtenus dans les recherches plutôt que sur les démarches et les méthodologies adoptées. Les textes publiés contribuent à éclairer les enjeux économiques et sociaux actuels à partir d'approches solides et rigoureuses, en mobilisant des matériaux, des données, des informations, des théories, des modèles ou des analyses inédites. Le seul critère que se donne la collection est un critère de qualité et d'originalité.

Déjà parus

Philippe ANTOMARCHI, *Les barrières à l'entrée en économie industrielle*, 1998.
Louis DUPONT, *Sécurité alimentaire et stabilisation macroéconomique en Haïti*, 1998.
Alain CLEMENT, *Nourrir le peuple - Entre Etat et marché*, 1999.
Jacques PERRIN (ed.), *Pilotage et évaluation des processus de conception*, 1999.
Alain FAYOLLE, *L'ingénieur entrepreneur français*, 1999.

© L'Harmattan, 1999
ISBN : 2-7384-7840-9

Jean-François FERRANDI

La Corse

dans le miroir sarde

Éditions L'Harmattan
5-7, rue de l'École-Polytechnique
75005 Paris - FRANCE

L'Harmattan Inc.
55, rue Saint-Jacques
Montréal (Qc) – CANADA H2Y 1K9

Je remercie Pascale-Letizia Ferrandi et Jean-Christophe Alfonsi pour l'aide précieuse qu'ils m'ont apporté.

L'économie est politique

anonyme

Pensare a piedi

Bisogna essere lenti come un vecchio treno di campagna e di contadine vestite di nero, come chi va a piedi e vede aprirsi magicamente il mondo

F. Cassano

SOMMAIRE

Avant-propos

de

Pierre-Jean Benghozi

Main basse sur une île, poudrière ou économie coincée : les ouvrages et articles portant sur la situation et l'économie corses manient volontiers les métaphores frappantes. L'ouvrage très documenté de Jean-François Ferrandi nous montre cependant qu'il est possible de sortir de ce traitement stéréotypé du problème corse, tel qu'il peut être véhiculé dans les médias quand images d'Epinal et discours idéologiques se substituent à l'analyse.

Jean-François Ferrandi porte un regard différent sur cette Corse que l'actualité remet régulièrement à l'ordre du jour car il réussit à poser les termes du problème d'une façon nouvelle. Pour ce faire, il a cherché à s'extraire de la vision franco-française des relations entre la Corse et le continent ou la Corse et l'Etat. En rapprochant d'une manière systématique les situations de la Corse et de la Sardaigne, la singularité de ces économies insulaires géographiquement et culturellement proches, les contingences historiques et nationales mais aussi les fausses évidences sautent alors immédiatement aux yeux : étroitesse des marchés locaux, diversification insuffisante d'économies largement conçues sous forme de monoproductions, principalement dans leur relation à un Etat central, opportunités et richesses locales plus différenciées qu'il ne semble a priori... L'importance de cette dimension comparative et de ce croisement des regards sur l'économie des deux îles apparaît dans les résultats. Elle se révèle d'autant plus forte que comme l'auteur le rappelle en conclusion, un des grands risques qui guettent la Corse aujourd'hui tient sans doute moins à son exiguïté territoriale qu'à son enfermement dans une vision nationale.

L'ouvrage nous montre d'ailleurs que les situations sont loin d'être aussi bloquées que ne pourrait l'indiquer une approche purement politique du problème. D'une part, les économies des deux îles se transforment doucement d'elles-mêmes, comme l'indique par exemple la montée en puissance des échanges transfrontaliers. D'autre part l'Union européenne constitue désormais un acteur de plus en plus présent et qui permet d'échapper à une relation bipolaire entre Etat et région, souvent bloquée.

Introduction

La Sardaigne et la Corse sont géographiquement si proches l'une de l'autre qu'il peut sembler étrange qu'aucune étude de leurs rapports économiques, en dehors du problème de la contrebande, n'ait été faite à ce jour.
Cela tient au fait que ces deux îles sont reliées historiquement à deux Etats en compétition depuis des siècles en Méditerranée, mais aussi à ces frontières invisibles, nichées souvent dans le psychisme des hommes et qui sont tout aussi séparatrices que les frontières officielles. La construction européenne modifie lentement ces données historiques.
A l'exception des travaux de Maurice Le Lannou, professeur au Collège de France, la Sardaigne est une île largement méconnue en France, tandis qu'en Italie, la Corse, depuis la dernière guerre, est redevenue "*terra incognita*".
En Corse, la Sardaigne suscite depuis quelque temps l'intérêt des chercheurs, dans les domaines archéologique, ethnologique, musical, linguistique et scientifique. Les acteurs économiques sont à la recherche de débouchés et de savoir-faire en voie de disparition en Corse mais encore vivaces en Sardaigne et toujours de bergers qui, ensuite, font souche dans l'île.
En Sardaigne, la Corse est aussi l'objet d'une certaine curiosité dans les milieux culturels et économiques. Celle-ci est d'ailleurs ancienne et s'appuie sur l'émigration corse en Gallura, au 19ème

siècle, très présente dans la mémoire sarde. M. L. Wagner rappelle que la Gallura et l'archipel de la Maddalena ont été repeuplés par des Corses dans une proportion avoisinant les trois quarts, au siècle dernier. Les noms corses, dans cette partie de l'île, sont légion. En Sardaigne, on souligne son ascendance corse, lorsqu'on s'appelle Quilichini, Alfonsi, Susini, Nicoli, Fieschi, Mela, Luciani ou Morazzani.
L'ancien Président de la République italienne, Francesco Cossiga, se plaît à dire que son nom est une déformation de Corsica, en raison d'une lointaine ascendance corse de son aïeul.
En France, tradition assimilationniste oblige, qui connaît la consonance sarde de noms tels que ceux de Cavada, qu'on trouve dans le Nuoro, Sardou auquel on a rajouté un o pour respecter la prononciation originelle, de Cubadda, l'ancienne présentatrice du journal télévisé ou du député Porcu qui aurait pu rajouter un o pour se préserver des sarcasmes que son nom a probablement dû lui faire subir dans sa jeunesse ?
En Corse, le tropisme et la fascination pour un Nord riche et puissant, entretenus et confortés par le jacobinisme français, ont détourné lentement ses habitants de leurs voisins du Sud.

Un regard croisé

Bergers sardes et bandits corses et vice versa

Pour les Corses, les Sardes sont perçus comme des bergers, car dans le sud de l'île, il est fréquent, vu la rareté des hommes longtemps aspirés par l'armée et la fonction publique, qu'on aille chercher de l'autre côté des bouches de Bonifacio, une main d'œuvre disponible et expérimentée.
Pour les Sardes, les Corses sont regardés comme des bandits, car ce fut une tradition de se réfugier en Sardaigne, lorsque les temps étaient difficiles en Corse, ce qui semble être d'ailleurs une constante de son histoire.
Cette vision réductrice mais pas tout à fait fausse des uns sur les autres est en train d'être balayée par la mondialisation et la facilité des transports. On aurait pu tout aussi bien parler de bergers corses et de bandits sardes si la faiblesse démographique de la Corse ne lui avait interdit d'exporter ses bergers. Par contre, il n'est peut-être pas exclu que la Corse soit encore, parfois, un refuge pour les bandits sardes. Celle-ci, observée de Sardaigne, apparaît aujourd'hui comme une terre de liberté ou même, disent certains, de licence. Retour des choses ?
"*Banditi a Orgosolo o pastori in Bavedda o pastori a Orgosolo e banditi in Bavedda.* "

Un renforcement des liens entre les deux îles est-il possible ?

Le Franco-Néerlandais Fons Trompenaars, l'un des meilleurs spécialistes européens des questions transculturelles dans l'entreprise, distingue les pays par les solutions qu'ils apportent à trois problèmes universels : ceux des rapports de l'homme avec le temps, avec la terre et avec les autres.

Aussi la recherche d'une intensification des échanges entre les deux îles dépend-elle de l'idée que les Sardes et les Corses se font du futur, de la conscience qu'ils ont de leur passé, et du regard croisé qu'ils se portent. Les deux îles se représentent-elles le futur de façon suffisamment semblable et ont-elles une mémoire du passé assez proche pour réfléchir et agir en commun ?

Certes, la similitude des drapeaux à tête de Maure, héritage aragonais, le souvenir commun de la *Moresca*, le goût, dans les deux îles, pour le jeu de la *Mora* et la dégustation de la *rivia* ou *rivredda* des bergers sartenais ou gallurais signent des convergences entre les deux îles.

Entre certains comportements sociologiques et culturels identiques, comme le banditisme historique de type sardo-corse, ou des pratiques linguistiques communes - *la lingua sartinese o galluresa* - et un avenir de plus en plus étudié et programmé par d'autres, y a-t-il place pour une relation plus autonome sardo-corse et l'élaboration d'un cadre commun de développement économique ? En d'autres termes, le rapport au temps, à la terre, et aux autres, des Sardes et des Corses, est-il suffisamment semblable pour que des liens durables puissent se nouer entre les deux îles ? La géographie physique et humaine incite à répondre positivement, l'histoire récente négativement. La Datar dans un document officiel se déclare « *favorable au renforcement des relations corso-sardes* » et indique que « *cela contribuera au rayonnement de la France* ». Formons le vœu que la Sardaigne et la Corse rayonnent aussi l'une vers l'autre. C'est, n'en doutons pas, l'objet des politiques "*Interreg*" mises en place par la

Commission européenne qui, donnant corps à une réflexion de Robert Lafont, contribuent, comme il dit, à "*ces nouveaux espaces en gestation que sont les espaces transfrontaliers et les espaces culturels*".

Une comparaison délicate

Si chacune des îles peut constituer, à certains égards, le miroir passé ou futur de l'autre et indiquer les chemins à prendre ou les traverses à éviter, la comparaison entre la Corse qui a une population voisine de celle du Nuoro (260 000 hab.) et la Sardaigne dont la population (1 650 000 hab.) est voisine de celle du Languedoc-Roussillon, est malaisée tout au moins au plan macro-économique.
En dehors de ces différences d'échelle, il y en a de nombreuses autres tenant au rôle de l'Etat, à la répartition des pouvoirs avec la région, à la place de chacune des îles dans leur ensemble national.
De multiples similitudes existent aussi. Elles sont d'ordre psychologique et culturel. Elles relèvent autant du qualitatif que du quantitatif. Elles ont aussi des aspects structurels.

Des différences objectives et des similitudes structurelles

Les différences objectives sont importantes, que cela soit dans le domaine démographique, dans celui de la production, du poids des secteurs en termes de valeur ajoutée ou d'emploi, dans celui du commerce extérieur, de sa composition, du rapport entre les importations et les exportations, de leur destination, de leur nature. Elles le sont aussi, au plan institutionnel, dans la répartition des pouvoirs entre la région et l'Etat, entre la région et les provinces.
Elles le sont enfin au plan social, dans le poids respectif des

différentes couches sociales, des agriculteurs et des bergers en conflit permanent, des indépendants et des salariés.
La région autonome de Sardaigne dispose de compétences plus larges, surtout dans le domaine législatif, que la collectivité territoriale de Corse. Mais, de l'avis des analystes sardes, son autonomie réelle est toute relative dans les faits, surtout au plan culturel.
L'autonomie s'apparente à un système à doubles commandes que l'on retrouve dans les voitures d'auto-école. Lorsque le conducteur commet une faute ou lorsque la région ne va pas dans la bonne direction, le moniteur ou le gouvernement central reprend les commandes.
Au plan politique le même clivage existe, dans les deux îles, entre les « *partis succursalistes* », comme on les appelle en Sardaigne, et les partis insulaires, sardistes, corsistes et autonomistes ou indépendantistes. Ceux-ci évoluent entre participation et opposition.
Au début des années quatre-vingt, le Parti autonomiste sarde, soutenu par les partis de gauche, préside la région. En quelques années, en raison des affres inévitables de la participation au pouvoir, il perd la moitié de son électorat.
Le rôle et l'action de l'Etat sont différents en intensité dans les deux îles. Le poids de l'Italie insulaire, comme on dit, pèse plus que celui de la France insulaire sur les décisions du centre.
La Sardaigne est historiquement plus présente dans les décisions du gouvernement italien que la Corse dans celles du gouvernement français. Mais, depuis une vingtaine d'années, la situation politique dans l'île contraint le gouvernement français à se pencher avec attention sur la question corse.
Les fonds obtenus par la Sardaigne, à Bruxelles, sont anciens et importants et témoignent de l'intérêt du gouvernement italien pour ses îles et son Mezzogiorno, même si les résultats ne sont pas toujours au rendez-vous.
La Corse est, géographiquement, plus périphérique à la France, que la Sardaigne ne l'est à l'Italie. L'exemple de la carte météo à

la télévision, qui a de réelles difficultés à cadrer en même temps l'île et le continent français sans déplacer la Corse, en est une illustration. Les radios italiennes couvrent l'île sans effort, alors que les radios françaises et même corses ont besoin d'un réseau serré de réémetteurs.

Le retard corse est historique. Il éclaire largement les problèmes actuels. La marginalité de l'île, dans l'ensemble français, en est la cause majeure. La différence sarde perdure malgré la volonté de l'Etat italien de la diluer.

Cela conduit les deux peuples à éprouver des sentiments voisins vis-à-vis de problèmes souvent identiques à l'origine, mais traités différemment. C'est en cela que résident aussi la similitude des deux îles et le caractère commun de leur perception de l'extérieur. Elle est autant d'ordre psychologique et culturel que structurel.

Au plan structurel, les revenus par habitant sont similaires. Le poids des administrations est analogue. L'évolution des secteurs primaire, secondaire et tertiaire, en pourcentage, est semblable que cela soit en termes de personnes employées ou de valeur ajoutée. L'attitude devant la consommation est la même. L'urbanisation et la désertification des zones internes sont comparables.

L'apport du tourisme à l'économie des deux îles est limité : il est de15 % du PIB en Corse et de 7 % en Sardaigne. La difficulté d'organiser des transports adéquats est aussi commune aux deux îles.

Main basse sur des îles

Le mitage des côtes, les problèmes de pollution et la spéculation foncière sévissent des deux côtés des bouches de Bonifaziu, lieu de tous les dangers, à l'environnement gravement menacé en raison d'une politique du " tout tourisme" rampante et non avouée. Un projet de parc marin international essaie de répondre à ces questions déterminantes pour l'avenir des deux îles. En aura-t-il les moyens et qui définira sa politique ? Le problème de la "fréquentation touristique dans les parcs marins" a fait l'objet d'un colloque international, à Trieste, en janvier 1994. En un mot, tourisme, protection de l'environnement et permanence d'une communauté sur sa terre sont-ils compatibles ?

Le site de Bavella, classé et donc protégé, administré par les Bâtiments de France, le Parc Régional et l'Office National des Eaux et Forêts, où vit l'été - c'est un ancien lieu de transhumance - une communauté villageoise, voit son col ravagé par la fréquentation touristique excessive. L'équipement a enregistré, il y a dix ans, environ 400 000 passages de véhicules. En une décennie, le couvert végétal a disparu. Lieu très venté, des tempêtes de terre obscurcissent maintenant, parfois l'horizon. Les habitants de Bavella, une centaine l'été, n'ont ni eau ni électricité et leurs fontaines publiques sont polluées par l'absence de « tout à l'égout » et de toilettes publiques. Eprouvant un sentiment de dépossession, ils se désolent de la modification des noms de leurs «lieux- dits» devenus « terres de balades » : *U tavonu di u cumpuleddu* s'est transformé en « trou de la bombe».

Perte du sens ou recherche de noms aisément prononçables et plus porteurs commercialement pour les visiteurs ? Il n'y a, bien évidemment, jamais eu de «bombe» dans cet enclos (*cumpuleddu*) que l'on voit à travers une trouée (tavonu) et qui est, parfois, peuplé de brebis ou de mouflons. Si le site de Bavedda est protégé, l'appellation de ses «lieux-dits» ne l'est apparemment pas.

Il y a, en Corse, une multitude d'espaces sensibles menacés (U Cuscionu, Bunifaziu, Bavedda, a Restonica, Saleccia...) qu'apparemment l'existence de parcs régionaux marins ou terrestres n'a pas protégés. Aussi peut-on s'interroger sur l'efficacité et les finalités réelles de ces structures en voie de multiplication ? Le développement vertigineux des routes forestières d'entretien, par la facilité de pénétration qu'elles permettent, accroît les risques de dégradation et de pollution que provoque une fréquentation touristique grandissante et que ces routes sont censées combattre. Sans routes et donc inaccessibles aux véhicules, certains endroits seraient mieux protégés.

Une proximité culturelle

Au plan psychologique, les sentiments de solitude, de minoration, de dépendance, de pessimisme que les dictons sarde et corse : "*non c'è un dito di terra sana*" et "*ùn c'hè più un palmu di nettu*" illustrent, se retrouvent chez les deux peuples et constituent un imaginaire commun.
On peut citer la fameuse réflexion du Sarde Antonio Gramsci, sur le même thème, "*le pessimisme de l'intelligence et l'optimisme de la volonté*", celle de Janine Renucci sur le "*particularisme d'une terre (Corse) qui n'a jamais, ni pu, ni su maîtriser sa solitude*" ou ces vers du Nuoro, rapportés par Salvatore Satta : "*So solu, mischinu , cun dolu continu*" et enfin "*Basta che un forestiero venga in Sardegna, e subito fa fortuna*" et qui s'applique tout aussi bien à la Corse.
Alghero, la cité catalane du nord-ouest de la Sardaigne était, il y a un petit bout de temps, interdite aux Sardes et aux Corses.
Les Sardes ont le sentiment, par exemple, d'être peu nombreux (1 700 000) ce qui, vu de Corse, peut paraître étrange. C'est qu'ils se comparent aux Siciliens au nombre de cinq millions. Les Corses, dans leurs rêves démographiques les plus osés, souhaiteraient être autour de 600 000.
Cette comparaison relativise l'éternel débat sur ce que doit être la population adéquate pour un territoire donné. La notion d'optimum de population est une vieille lune qui ressort quand les arguments manquent pour expliquer les déboires du moment. L'île de Malte, avec ses 300 000 habitants, s'en sort

quand la Russie, avec ses cent millions, peine. Au plan culturel, les situations sont voisines même si chacun pense que cela va mieux en face. Les Sardes envient les maigres avancées corses concernant l'enseignement facultatif de la langue et, depuis les années soixante-dix, le réel renouveau culturel, particulièrement du chant avec Canta u Populu Corsu, et que l'on appelle en Corse, « *U riacquistu* ».
Les Corses remarquent que les traditions sardes sont plus vivantes mais observent que la langue sarde est largement absente des médias de l'île voisine. Une loi régionale a pourtant été votée en Sardaigne, en 1993, et contestée par le pouvoir central, comme ce fut le cas pour la Corse en 1983, qui vit sa volonté d'enseigner la langue contrée par le gouvernement de Pierre Mauroy.
Les locuteurs du corso-gallurais avoisinent 300 ou 400 000 personnes sur les deux rives des bouches de Bunifaziu. Des initiatives communes commencent à prendre forme, à FR 3 avec Mediterraneo de S. Sanguinetti, à Radio Corsa avec l'émission Méditerradio et dans certains livres et revues comme U Taravu et A Viva Voce.

Soyez vous-mêmes

On demande à ces îles "*d'être elles-mêmes*". C'était le thème central du discours de François Mitterrand devant l'assemblée de Corse en 1983. Mais on leur refuse dans le même temps, les moyens de perpétuer leur langue qui constitue le cœur de leur identité.
La lettre de refus du Premier Ministre, en 1983, à l'Assemblée de Corse a fait date. Celle-ci avait voté, à une large majorité, une proposition d'initiative législative visant à l'enseignement obligatoire du corse. Ce refus a signé le glas des espoirs mis dans le statut particulier de la Corse. Celui-ci, pour certains, constituait l'amorce d'une nouvelle relation avec la France. Ce

jour-là, la perspective d'une Corse autonome était virtuellement assassinée. Quelques années plus tard, Pierre Mauroy, en privé, aurait reconnu avoir commis une erreur.
Bis repetita, quinze ans après, en 1998, la Commission d'enquête sur l'utilisation des fonds publics en Corse, s'oppose à l'enseignement obligatoire du corse. Quel est le lien entre les fonds publics et la langue corse ? C'est un des mystères des travaux parlementaires où, semble-t-il, tout est dans tout.
La non-signature par la France, à ce jour, ou la signature *a minima* récemment annoncée de la résolution du Conseil de l'Europe sur l'usage des langues minoritaires apportent la touche finale à un tableau où l'hypocrisie et la duplicité tiennent le pinceau. « En politique, tout le monde ment », disait déjà le chancelier d'Autriche Kreisky.
Sur une question encore plus sensible, le refus du Conseil constitutionnel de valider, dans les années quatre-vingt-dix, le vote de l'assemblée nationale sur la reconnaissance du peuple corse, au nom d'une constitution que l'on adapte pourtant chaque fois qu'un nouveau traité européen entre en vigueur, va donner une légitimité à la revendication indépendantiste.

Si, culturellement, les deux îles sont souvent en phase dans leur perception des choses, leur histoire a différé sensiblement. Mais, dit Fernand Braudel, « *la géographie retrouve toujours ses droits* ». Est-ce bien sûr dans un monde où la parabole et le téléphone tendent à l'emporter sur les conversations devant la cheminée et les échanges sur la place du village ?

Les échanges corso-sardes, des échanges modestes mais qui progressent

Environ deux cent cinquante mille personnes transitent par les bouches de Bonifaziu. Les échanges de marchandises sont en progression notable mais leur volume global est modeste, reflétant le poids de facteurs autant politiques qu'économiques. Dans l'état actuel des échanges, il n'y a pas de goulot d'étranglement majeur pour les transports maritimes, surtout si on se place dans une perspective endogène. Si, par contre, l'un des buts est de faire de la Corse un axe routier de transit vers la Sardaigne, les choses se présentent alors différemment.

En 1990, les entrées et sorties entre les deux îles atteignent deux mille tonnes. En 1993, elles s'élèvent à quinze mille tonnes soit sept fois plus. Les sorties vers la Sardaigne représentent treize mille tonnes, les entrées, mille neuf cents tonnes. 90% des sorties (12 000 tonnes) sont constituées de produits ligneux : bois, bois de chauffage, charbon de bois, liège (1635 tonnes). Les 10% restants relèvent de l'agriculture et de la pêche : maïs, poissons, crustacés, coquillages, eaux naturelles et minérales, miel, clémentines, noix, châtaignes, farines, pierres, œufs, vins, légumes et fruits frais. Les produits de la mer constituent les sorties les plus constantes avec le maïs. Les autres produits sont exportés de façon ponctuelle. Les entrées, en 1993, représentent mille neuf cents tonnes dont 70% sont des matériaux de construction : agglomérés ponceux, pièces en béton, briques, carrelages, pierres de taille, auxquels il faut ajouter, pour les 30% restants, du lait frais, des ouvrages en liège naturel, des ovins, des fruits et légumes, de l'avoine, des ouvrages en métaux, de la verrerie, de la poterie, des meubles et des articles manufacturés en papier et en carton.
Si la Sardaigne achète plus qu'elle ne vend, c'est en raison de l'étroitesse du marché corse qui ne peut constituer, pour elle, un débouché significatif, alors que son manque de bois l'entraîne à s'approvisionner sur l'île voisine mieux dotée dans ce domaine.
Ce n'est en aucun cas un quelconque signe de vitalité de l'économie corse car la valeur ajoutée des produits exportés (bois) est très faible. Mais cela pourrait servir de marqueur pour développer des activités autour du bois, de la pierre, de l'agro-alimentaire et de l'aquaculture. Quelques tentatives se font jour.

Si la Corse vend plus qu'elle n'achète, c'est que la Sardaigne peut constituer, par contre, un marché significatif pour celle-là. Le marché sarde égale celui de la région Languedoc ou du département des Bouches-du-Rhône.

Commerce corso-sarde ou franco-italien ?

L'intensification des échanges entre la Corse et la Sardaigne manquerait son objectif si la part des produits réexpédiés de France ou d'Italie tendait à prévaloir sur la part des produits locaux.
On serait, alors, dans une logique d'instrumentalisation des deux îles à des fins étrangères à leur développement. L'avenir économique des deux îles ne peut se résumer à un rôle de transitaire ou de "de tête de pont de leur Etat de tutelle" favorisant la pénétration de produits continentaux sur des marchés, en outre, très marginaux.
Dans un autre domaine, l'exemple du câble optique conforte cette conception de l'instrumentalisation : un câble en fibre optique (Emos) relie la Corse à la Sardaigne... mais c'est pour connecter la France (Marseille) à la Grèce, la Turquie et Israël en passant par la Sicile, sans que la Corse et la Sardaigne soient reliées entre elles !!!
Cela rappelle la Carbo-Sarde, cette ligne à haute tension reliant la Toscane à la Sardaigne, via la Corse, de triste mémoire, où un accord de troc entre la France et l'Italie était intervenu. L'Italie avait obtenu un droit de passage en Corse pour desservir la Sardaigne et, en échange, avait fait cadeau à la France d'un "Palazzo" à Rome.
Le problème se présente aujourd'hui dans des termes quelque peu différents : l'approvisionnement de la Sardaigne et de la Corse, en énergie, au moyen d'un câble sous-marin venant

d'Italie, pose, à l'évidence, des problèmes importants et complexes touchant à l'indépendance énergétique des deux îles.

Un trafic maritime de passagers en hausse

Le trafic de passagers a plus que doublé en dix ans. La chute de 1993 indique que les prévisions mécaniques que certains faisaient - 500 000 en l'an 2000 - ne tiennent pas assez compte de la fragilité des flux touristiques influencés par la valeur comparée des monnaies qui va prendre fin, dans l'avenir, avec l'euro, le coût des transports, la récession dans les pays exportateurs de personnes et les modes éphémères et changeantes.
Cette augmentation du flux des passagers, à Bunifaziu, indique que la Sardaigne a encore des marges d'accueil que la Corse a beaucoup moins et que le phénomène de vases communicants se fera plutôt en faveur de la Sardaigne, la Corse devenant, pour une part, un lieu de transit avec toutes les nuisances que cela comporte et le peu de retombées économiques que cela induit. Est-ce souhaitable ?

Le commerce corso-sarde, reflet d'économies très différentes

La nature des produits importés de Sardaigne reflète le dynamisme de son secteur secondaire. Cela reflète aussi l'importance de la construction en Corse.
L'aller-retour du bois et du liège indique la différence entre les deux économies. L'une fournit les matières premières, l'autre transforme et réexporte.
Les importations de meubles, de machines, de verrerie, de papier et de carton, de barres laminées, de fil machine et de

carbochimie démontrent une assez grande diversification de l'économie sarde. Toutefois ces importations sont d'un volume très réduit (1 900 tonnes).
Les importations de ciments, tuiles, agglomérés, briques, pierre de taille, graviers et carrelages sont autant de marqueurs indiquant ce qui pourrait être produit en Corse, si une véritable politique de développement et de reconquête du marché intérieur était mise en œuvre par les institutions publiques régionales mais aussi nationales.
Quant aux échanges de personnes entre la Corse et la Sardaigne, ils sont essentiellement constitués de touristes italiens (72%) pour la voie maritime, et de Français pour la voie aérienne.

L'économie est politique

En conclusion, on peut dire que les échanges commerciaux Corse-Sardaigne constituent la portion congrue de leurs relations avec l'extérieur. Le trafic par le port de Bunifaziu représente 1,3% du trafic global de la Corse.
Sur les 162 855 tonnes d'importations de ciment, en 1991, 2842 tonnes transitent par Proprianu, lieu de réception du ciment sarde dont le prix est inférieur de 40% au ciment continental.
Seule la progression des sorties de bois vers la Sardaigne est notable.
Les importations 1991 en tonnes de l'étranger, principalement de l'Italie vers la Corse, représentent 2,5% des entrées en provenance de France. Les exportations de Corse vers l'étranger (Italie) s'élèvent à environ 30% des sorties vers la France. Cela reflète l'orientation de l'économie des deux îles tournées massivement vers leur métropole de tutelle.
L'économie est politique, on a trop tendance à l'oublier. Humainement et culturellement proches, la Corse et la

Sardaigne se tournent le dos, alors que chacune d'entre elles constitue, à bien des égards, le miroir du passé ou du futur de l'autre. L'intensification des échanges entre la Corse et la Sardaigne, si elle peut s'appuyer sur les résonances existant entre les deux peuples, ne peut procéder que d'une volonté politique remettant en cause les divers monopoles de droit, dans les transports, ou de fait, dans la grande distribution.

La puissance publique qui joue un rôle majeur, a rendu complètement caduque la théorie des avantages comparatifs, base non contestée sur laquelle se fonde le commerce international dans une économie de marché.

A ce jour les économies de la Corse et de la Sardaigne sont, à de nombreux égards, des économies captives de leurs Etats tutélaires. La faiblesse des échanges commerciaux corso-sardes, malgré l'avantage comparatif qu'il y aurait à acheter certains produits dans l'île voisine, le démontre amplement. La logique politique l'emporte sur la logique économique, même en économie de marché.

L'économie corse dans le miroir sarde

Des îles miroirs

La Corse et la Sardaigne ont eu, jusqu'à l'aube du 20ème siècle, un cheminement assez voisin, et ce en dépit de caractéristiques géographiques, démographiques et historiques différentes. Leurs superficie et population respectives font de la Corse une île de dimension moyenne peu peuplée et de la Sardaigne un micro-continent à la population importante.

Superficie et Population

	km2	habitants	densité
Sardaigne	24 089	1 651 248	69
Corse	8 680	260 000	29

Sources : Eurostat, Insee, Istat 1991, Atlas 1993, Tec 1994

Variations de la population et de la densité depuis 1870

	Population		Densité	
	Corse	Sardaigne	Corse	Sardaigne
1870	258 707	636 660	29	26
1900	295 589	791 754	34	33
1930	237 400	1 024 686	27	42
1950	170 000	1 269 000	19	53
1970	227 425	1 501 749	26	62
1980	240 000	1 600 000	27	67
1996	260 000	1 651 000	29	69

Des réservoirs de main d'œuvre

La Sardaigne et la Corse ont constitué, depuis les temps les plus anciens, des réservoirs de main d'œuvre.

En 1900, la Corse et la Sardaigne ont une densité de population identique. La population sarde représente alors à peine deux fois celle de la Corse.

L'émigration des Corses, en Gallura, au 19ème siècle, fuyant la répression, mais surtout les saignées de la Grande Guerre, où les insulaires, en première ligne, avec les tirailleurs sénégalais et les goumiers marocains, tombent comme des mouches, vident l'île. Il faut y ajouter les départs vers le continent et les colonies des années vingt qui affaiblissent terriblement l'île.

Environ cent à cent cinquante mille Corses émigrent dans la première moitié du siècle. Après la guerre de 1914, les hommes étaient si rares que les femmes s'expatriaient à Marseille. Le professeur S.Acquaviva, de l'Université de Padoue, parle de génocide. Ethnocide suffirait. Est-ce la tentative d'une politique

visant à régler le problème corse par le vide en appliquant, avant la lettre, le slogan mussolinien : « *La gabbia senza l' uccelli* » ?
La Corse atteint son creux démographique dans les années 1940-1950, avec 150 000 habitants. La Sardaigne compte, à la même époque, 1 200 000 habitants.

Au début des années soixante, l'amorce d'un "repeuplement" se dessine dans les deux îles qui fonctionnent comme des poumons. Des phases d'aspiration alternent avec des phases d'expiration, avec une amplitude plus marquée en Corse. En 1900, la Sardaigne avait une population double de celle de la Corse. En 1990, la population sarde est six fois supérieure à celle de la Corse.
La divergence dans les évolutions démographiques des deux îles est considérable. Ce repeuplement est structurellement différent. Quand la Sardaigne voit ses enfants revenir, la Corse subit les affres de la décolonisation de l'Algérie, l'arrivée de colons "pieds-noirs" et de travailleurs maghrébins, au nombre de trente mille, qui veulent recréer une Mitidja sur la côte orientale, sur l'initiative du gouvernement français.

Des évolutions récentes très contrastées

Les nouveaux Sardes sont des actifs jeunes, ouvriers ou employés, capables de dynamisme démographique. Les nouveaux Corses sont des "pieds-noirs", des Maghrébins généralement célibataires, des Corses revenant pour leur retraite, des continentaux attirés par le soleil, cadres ou employés dont le niveau de vie relativement élevé atténue le dynamisme démographique.
Son peuplement devient hétérogène. Parler de colonisation de peuplement n'est pas excessif. Les Corses ont du mal à revenir

dans leur île avant la retraite, surtout s'ils sont fonctionnaires. Les règles de la fonction publique française ne sont pas neutres ni innocentes. Et dans le secteur privé, les emplois créés correspondent rarement à l'offre. On peut ainsi, par un certain type de développement, déstabiliser la communauté insulaire et l'encourager à l'exil. C'est le cas du tourisme. Plus de la moitié des emplois créés dans ce secteur ne sont pas occupés par des insulaires qui sont concurrencés par une main d'oeuvre moins chère ou plus qualifiée.

C'est probablement la politique suivie par les différents gouvernements, depuis l'annexion de l'île, il y a deux siècles. Choiseul, l'artisan de l'acquisition de la Corse à la République de Gênes, disait : « Il faut envoyer les jeunes Corses dans les écoles militaires et encourager les mariages mixtes. »

Ces évolutions subies aboutissent à des situations fort contrastées. La Sardaigne est démographiquement jeune, tandis que la Corse voit sa population vieillir. Son indice de vieillissement est deux fois plus élevé que celui de la Sardaigne.

Vieillissement de la population
(1980)

	% population de 0 à 15 ans	% de plus de 60 ans	Indice de vieillissement
Corse	17,6	22,6	1,26
Sardaigne	27	14,5	0,54

Des différences d'échelle très importantes

La production intérieure brute de la Sardaigne est six fois plus importante que celle de la Corse.

Production intérieure brute
(en millions d'écus, prix courants 1986)

	PIB	PIB s.p.a*	PIB /capita	PIB s.p.a /cap
Corse	2,3	2,6	9,2**	10,4
Sardaigne	13,1	17,4	8***	10,6

Source: CEE s.p.a : standard de pouvoir d'achat ** France : 13,3 *** Italie : 10,8

La Sardaigne et la Corse ont une production intérieure brute, par tête, représentant 75% de la moyenne nationale de leur pays d'appartenance.
La production par tête est légèrement inférieure en Sardaigne. En données corrigées par le pouvoir d'achat (s.p.a.), celui de la Sardaigne est légèrement supérieur à celui de la Corse. Le coefficient de périphéricité des deux îles est similaire.
La production intérieure brute de la Corse, en 1996, est en voie de dépasser les 80% de la moyenne communautaire, ce qui remet en cause l'application de l'objectif n°1 de la Communauté et par voie de conséquence, le volume des aides reçues par l'île. Ces évolutions sont inéluctables à moins que les îles communautaires considérées comme proches ne oient traitées comme les îles lointaines qui bénéficient de programmes spéciaux (POSEI). Le Traité d'Amsterdam qui parle du «*handicap des régions insulaires*», ouvre, peut-être, la porte à une telle approche.

Le caractère structurellement plus productif de l'économie sarde

Le caractère structurellement plus productif de l'économie sarde est net. La contribution à la création de richesses de l'agriculture et de l'industrie de l'île voisine est plus importante. Le poids des administrations est consistant, dans les deux îles, et la tertiarisation de l'économie est encore plus grande en Corse qu'en Sardaigne.

Comparaison de valeurs ajoutées (1989)

	V.A agricole	V.A industrielle	V.A tertiaire marchand	V.A tertiaire non marchand
Corse	3,2%	21,4%	53%	22%
Sardaigne	7%	30%	43%	20%

Source: Eurostat

Des structures sociales semblables à celles de leur métropole

Malgré des distorsions notables, des convergences existent entre chacune des îles et leur métropole. Cela reflète le poids des politiques centrales, le caractère réglementaire des professions observées et partant, le peu d'autonomie des îles dans la conduite de leurs politiques sanitaires et sociales.

Santé
(1986)

	docteurs*	pharmaciens **	lits d'hôpital*
Sardaigne	3,2	0,8	7,5
Corse	1,5	0,5	12
Italie	3,6	0,8	9,1
France	2,2	0,4	10,9

* pour 1 000 habitants ** pour 100 habitants

Biens de consommation
(1985)

	Voitures		Téléphone		Télévision	
%	Populat.	Continent	Populat.	Continent	Populat.	Continent
Sardaigne	28	77	19*	71	21	86
Corse	40**	105	41	106	26	82
Italie	36	100	27	100	25	100
France	38	100	38	100	31	100

Source : CEE

* La SIP (téléphone en Italie) donne les chiffres suivants : 30% en 1989 et 37% en 1992.

** surévaluation due au fait que 28 000 voitures sur 113 000 roulent sur le continent mais sont achetées en Corse en raison d'un différentiel TVA qui a aujourd'hui disparu; il faut ajouter à cela le parc de voitures de location; les ménages résidents : 85 000 et non-résidents : 28 000).

Des taux d'activité et un indice de productivité similaires mais un taux de chômage différent en Sardaigne et en Corse

Le PIB par habitant est légèrement favorable à la Corse. Les taux d'activité et de productivité sont voisins. En revanche l'écart entre les taux de chômage est net. Le traitement social du chômage, en Corse, est important - il touche dix mille personnes - et contribue à en réduire le taux officiel qui serait, sans ces artifices, plus élevé de plusieurs points. Il faut prendre les taux d'activité et de chômage avec beaucoup de précautions. Il comprend les actifs sans emploi.

L'abaissement de l'âge de la retraite tend à le réduire, l'augmentation des demandeurs d'emploi tend à le gonfler. L'appréhension statistique de ces agrégats est délicate car les critères de calcul peuvent varier selon le pays.

En outre, l'appréciation exacte du chômage dans les îles est redoutable. Il faut tenir compte de l'émigration qualifiée par les sociologues d'émigration "*à attaches*" servant de régulateur temporaire.

Indicateurs socio-économiques
(1990)

	Taux d'activité	Taux de chômage	/personne occupée*	PIB/hab./écus **
Corse	48%	15,3%	92	79
Sardaigne	49%	19,3%	91	75

*indicateur de productivité **standard de pouvoir d'achat, Pib/hab. (Europe=100) Source : Eurostat, rapport périodique CEE 1987, Tec 1994

La Sardaigne est confrontée à un chômage important que les efforts d'industrialisation n'ont pas résolu

En Sardaigne, on distingue trois périodes dans l'évolution du marché du travail. La première de 1951 à 1961 est caractérisée par un important exode agricole et une émigration sensible, la deuxième de 1961 à 1971 voit la montée en puissance de l'emploi industriel, la troisième, de 1971 à aujourd'hui, est celle de la tertiarisation de l'économie.
L'emploi agricole a fortement diminué. L'emploi industriel croît et absorbe, en partie, les pertes du secteur primaire. Une classe ouvrière naît dont le poids économique et social va grandissant.
La modification de la structure sectorielle des emplois est considérable : de 40 à 19% dans le primaire, de 27 à 30% dans le secondaire, de 33 à 51% dans le tertiaire.
On remarquera la faiblesse relative des emplois créés dans le secondaire, conséquence de l'intensité capitalistique des investissements et du peu d'emplois durables générés dans le bâtiment qui chute lorsque les usines sont construites.
L'industrie n'a pas pu absorber les pertes d'emplois agricoles et c'est l'émigration qui a joué un rôle de régulateur. La tertiarisation de l'économie conduit à une multiplication des

emplois précaires (50 000). L'emploi public est important. Un prolétariat urbain marginalisé composé d'anciens artisans, d'anciens travailleurs du bâtiment et d'anciens ouvriers, se constitue. Le chômage des jeunes et des femmes augmente. Sur les cent mille chômeurs officiels, 60% ont moins de 25 ans. La substitution d'emplois l'a emporté sur la création d'emplois.

La Corse fait face à un chômage installé durablement et sous-évalué

L'emploi en Corse a augmenté de 56% entre 1962 et 1982 et de 32% de 1968 à 1989. Sa structure par secteurs a fortement évolué. Il s'est féminisé. La précarité de l'emploi a crû en raison de l'importance grandissante du tourisme : douze mille emplois saisonniers sont occupés, pour moitié, par des personnes non originaires de l'île.
Le poids du bâtiment et de politiques publiques inadaptées, particulièrement dans l'agriculture, ont fait de la Corse la région où le poids des travailleurs étrangers est le plus important.
L'emploi public est considérable et la part des insulaires occupant ces emplois est largement inférieure à celle que l'on trouve, pour les autochtones, en Alsace et dans le Nord, par exemple. La corsisation des emplois votée, une première fois, par l'Assemblée de Corse, en 1983, n'a jamais été réalisée. Les Corses sont administrés par des Français du continent et sont donc rarement responsables des errements de l'administration. La quasi-totalité des postes de responsabilité n'est pas occupée par des Corses, particulièrement dans la magistrature, les finances et la haute administration. Même à l'Assemblée, certains postes importants échappent aux Corses, en raison de pressions de Paris. On pratique, bien sûr, un habile saupoudrage de Corses et de patronymes italiques pour contrer une éventuelle critique de cette évidente discrimination.
Pourtant les fonctionnaires corses ne manquent pas. Un certain

nombre d'entre eux aimeraient rentrer dans leur île et l'argument selon lequel ils ne seraient pas candidats au retour est fallacieux. On en trouve même pour être directeurs des services de police, ce qui nécessite un caractère trempé et démontre que certains Corses n'ont pas peur d'aller au charbon ! ! !

De 63 380 emplois, en 1968, on est passé à 84 200, en 1992, soit 35% d'augmentation. L'emploi agricole a chuté de 15 740 à 8 154, diminuant de 48%.
L'emploi industriel, hors bâtiment, croît de 4880 à 6411, en hausse de 31%. Le bâtiment régresse de 12% passant de 11 380 à 9 965.
Le tertiaire marchand double : de 6 040, en 1968, à 11 301, en 1989. Le tertiaire non marchand suit la même évolution ascendante : 24 000 en 1968, 46 000 en 1989.

En 1989, les femmes occupent 21 600 emplois salariés, soit un sur trois. 95% des emplois féminins sont tertiaires. Ils se situent dans les domaines de l'éducation (60%), de la santé (65%) et de l'action sociale (73%).

Le chômage croît régulièrement depuis dix ans et s'est installé durablement. De 1980 à 1993, pour les chômeurs recencés, il triple, passant de 5 500 à 14 861. Ce chiffre est-il fiable? Le nombre d'emplois aidés - contrats emplois solidarité, emplois jeunes - de RMI, dont la proportion est très élevée et pas forcément frauduleuse, et de stages et de formations masque certainement le chômage réel.
De plus l'inadaptation de l'offre d'emplois souvent saisonniers à la demande de jeunes Corses de plus en plus diplômés, est la conséquence d'une économie peu diversifiée et trop dépendante de la saison touristique. En 1998, une légère baisse du chômage se dessine en Corse, comme en France, et est la conséquence de politiques volontaristes nationales.

Les évolutions sectorielles reflètent la forte tertiarisation des deux économies

Le pourcentage d'actifs, par secteurs, est un bon indicateur des modifications structurelles intervenant dans l'économie.

Activité par secteur en 1960

	agriculture, pêche	industrie, BTP	services
Corse	32,7%	22,5%*	44,8%
Sardaigne	37,2%	30,8%	31,9%

* industrie : 9,5% et BTP : 13%

Activité par secteur en 1980

	agriculture, pêche	industrie, BTP	services
Corse	13%	23%*	64%
Sardaigne	19%	29%	53%

* industrie : 7% et BTP : 16%

Activité par secteur en 1990

	agriculture, pêche	industrie, BTP	services
Corse	9%	20% *	71%
Sardaigne	14%	23%	63%

* industrie : 7% et BTP: 12%

Un tertiaire marchand, refuge en Corse et précoce en Sardaigne

Le poids du tertiaire est considérable. Certains parlent de "*tertiaire refuge*". La "différence corse" est nette et se caractérise par une faible dynamique agricole et industrielle, une hypertrophie du BTP et une activité tertiaire pléthorique. Cela

est dû à un secteur commercial surdéveloppé et peu rentable où les insulaires s'investissent parce qu'ils sont attachés à leur île. La multiplicité des structures administratives et l'influence du tourisme saisonnier le gonflent démesurément.
Celui-ci induit un dynamisme grandissant dans la branche de la construction et du bâtiment. La forte consommation de ciment atteste le développement soutenu, sur la moyenne période, de la construction et du bâtiment et explique l'hostilité des lobbies cimentiers français à la création d'une cimenterie dans l'île, contribuant, ainsi, à freiner la capacité productive insulaire que reflète un taux d'activité médiocre (32,8%).
Le ciment sarde est 40% moins cher que le ciment continental. La recherche d'un approvisionnement au meilleur prix devrait conduire la Corse à se fournir en Sardaigne. C'est la philosophie même des programmes interrégionaux et de l'économie de marché.
En Sardaigne, le secteur tertiaire quoique important, n'atteint pas la proportion corse. On parle, là bas, de "tertiaire précoce".
Le dynamisme de son agriculture et une industrialisation forcée modèlent différemment la structure de l'économie sarde où le taux d'activité est de 49% et le taux de chômage proche de 20%.

En Corse, une économie de consommation

Une économie axée sur la consommation s'est installée, cautionnée par les pouvoirs publics, obligeant à des transferts massifs qui confortent l'assistance et la dépendance dans un esprit qui n'est pas celui de Maastricht. 56% du revenu des familles provient de sources publiques : du chômage et d'aides sociales diverses (22,5%), des retraites (22,5%) et des salaires (11%).
Les importations grandissantes, encouragées par une continuité territoriale à sens unique, un secteur de grande distribution

disproportionné, profilé sur une consommation touristique massive mais très saisonnière, nuisent à l'émergence d'une économie de production. En mètres carrés de grande surface rapportée au nombre d'habitants, la Corse détient le record français.

La pression touristique, en Corse, est la plus élevée des îles de la Méditerranée, juste derrière les Baléares

Le ratio de deux touristes pour un habitant, qui est considéré comme le seuil où des déséquilibres démographiques porteurs de ruptures interviendraient, est largement dépassé. La pression touristique qui est le rapport entre le nombre de touristes divisé par la population, est de 6,8 en Corse. Elle est de 0,8 en Sardaigne, de 0,6 en Sicile, de 2,6 en Crète et de 11,2 aux Baléares. Elle est de 2,5 à la Martinique et de 5,3 aux Canaries.
Le Schéma Directeur d'Aménagement et d'Urbanisme pour la Corse, préparé par le Ministère de l'Equipement, en 1975, préconisait de ne pas dépasser une pression touristique de 2. On frise les 7 !!!

Des évolutions sectorielles comparables qui masquent des réalités très différentes

Entre les secteurs secondaires des deux îles, les différences sont encore plus marquées. En Corse, en 1980, 15,5% des actifs travaillent dans le BTP, 7,3% dans le reste du secteur secondaire, soit 22,8% à comparer aux 28,5% de la Sardaigne où le lobby du ciment pèse aussi de tout son poids. La Corse se caractérise par une "non-industrialisation exceptionnelle" propice au "tout-tourisme".

On constate dans les deux îles une certaine stabilité du secteur secondaire mais une chute considérable du secteur primaire : elle est de 19 points en Corse de 1960 à 1980, et de 19 points en Sardaigne, pour la même période.
Un transfert massif vers le tertiaire prend place : 19 points en Corse, 19 points en Sardaigne. Ces évolutions similaires doivent être interprétées avec prudence et ne sont pas très différentes, à bien des égards, de celles des économies européennes.
La politique agricole commune porte sa part de responsabilité dans la dépendance alimentaire et la désertification des zones rurales qui résultent de ce transfert vers les services. Le tissu économique, social et humain est mis en danger dans les deux îles avec une gravité supérieure en Corse.

Effondrement de l'agriculture traditionnelle, et tentatives de création d'un secteur moderne en Corse

En Corse, dans les années soixante, l'agriculture traditionnelle s'effondre dans l'intérieur, tandis qu'une agriculture moderne se constitue sur la côte orientale à l'initiative de l'Etat qui installe des rapatriés d'Afrique du Nord. S'appuyant sur une main d'œuvre immigrée, ceux-ci développent une monoculture du vin de mauvaise qualité soumise à tous les aléas qu'une telle spéculation implique dans un environnement européen propice à la surproduction. L'arrachage de la vigne encouragé par l'Union européenne ne tarde pas à se substituer aux politiques de plantation, entraînant une crise viti-vinicole dont l'île a subi les contrecoups pendant de longues années. Grâce à la mise en œuvre d'une politique de qualité qui a porté ses fruits, le secteur viti-vinicole retrouve, ces dernières années, des perspectives d'avenir - il exporte en Europe du Nord et en Amérique - à moins que de nouvelles directives communautaires ne remettent encore tout en question.

Modernisation agricole et réformes structurelles en Sardaigne

Dans la même période, la Sardaigne poursuit son effort de modernisation agricole et de réformes structurelles. En 1971, la région sarde décide de mettre en œuvre un "plan organique d'intervention en vue du développement économique et social des zones internes de l'île à dominante agro-pastorale".

Ce plan est connu sous l'appellation "*Monte dei pascoli*". Il a pris forme dans la loi régionale 25. Il prévoit la constitution d'un domaine régional rendant possible la création d'exploitations efficaces, sous forme coopérative, visant à la transformation et à la valorisation des productions avec une redistribution des terres. Cette loi est étendue à tout le territoire.

Dans le même temps la Commission d'enquête parlementaire sur la criminalité en Sardaigne insiste sur le fait que l'économie pastorale marque, de son empreinte, l'ensemble du tissu économique sarde.

Il en résulte, en toute logique, que la résolution des problèmes agro-pastoraux doit conduire à la solution de l'ensemble des problèmes économiques et sociaux de l'île.

La rationalité de l'analyse fut freinée par une volonté politique insuffisante et par une sous-estimation de la dimension culturelle du problème agro-pastoral, miroir de la société sarde traditionnelle.

Des différences d'échelle considérables entre l'agriculture corse et sarde

En écartant les surfaces exploitées de façon très extensive - jachères, maquis, parcours, forêt - la surface exploitée, de façon intensive ou semi-intensive, est cinq fois plus importante en Sardaigne qu'en Corse. Certes, la surface aisément mécanisable est nettement plus réduite en Corse qu'en Sardaigne.

La Corse, au milieu du siècle dernier, comptait 270 000 hectares de surfaces "dites" intensives au lieu de 38 000 en 1980 et de 30 000 en 1986 en raison de la politique d'arrachage de la vigne.
La différence des cheptels ovins, entre les deux îles, laisse rêveur : cent mille en Corse, trois millions en Sardaigne…soit trente fois plus. En Corse, il était de 400 000 têtes en 1900 et de 270 000 en 1950. En Sardaigne, il était de 500 000 têtes en 1875 et de 2 millions au début du siècle. Les Sardes ont des brebis à profusion et les Corses, souvent, des bergeries en ruine.
Pour la pêche, la différence est aussi nette que cela soit en termes de flotte, de nombre de pêcheurs ou de prises : 17 chalutiers et 500 pêcheurs en Corse contre 202 chalutiers et 3500 pêcheurs en Sardaigne, deux mille tonnes de prises en Corse, contre vingt mille tonnes, dans l'île voisine.

L'agriculture corse est en grave déclin.

L'agriculture contribue pour 3% à la valeur ajoutée globale de l'île. La production agricole a chuté de 25% en 10 ans. L'emploi a baissé d'environ 20%. 8 000 personnes travaillent dans l'agriculture, ce qui représente moins de 10% des emplois totaux de l'île.
Vins, clémentines, salades, kiwis, lait, viande, tels sont les produits corses d'aujourd'hui. Certains sont nouveaux, d'autres remontent à la nuit des temps et structurent la vie insulaire. Chacun d'entre eux a une histoire où les déboires et les drames l'emportent sur les succès. On ne comprendrait rien à ces statistiques si on ne faisait pas un peu d'histoire agricole, reflet de celle des hommes de cette île.

Production agricole corse

	1988	1990	1992
productions végétales			
vins de qualité	77 700	66 750	75 650
autres vins (hl)	470 500	379 650	359 750
clémentines (qx)	245 000	198 000	200 000
kiwis (qx)	65 000	115 000	201 000
salades (qx)	110 600	145 500	117 700
productions animales			
lait de chèvre (hl)	59 500	55 000	55 000
lait de brebis (hl)	92 500	90 000	95 000
viande de porc (t)	2 586	1 595	2 509
veau corse (tonnes)	1 239	1 640	1 760

Source : service régional de l'agriculture

Il y a un siècle les surfaces cultivées se décomposaient comme suit :

Surfaces cultivées (en hectares)

	1840	1990
céréales	140 000	2 600
oliviers	12 000	
vergers	4 500	
châtaigniers	35 000	
vignes	18 000	10 000
prairie	60 000	

La relance de la production d'huile d'olive et de farine de châtaigne est en train d'être tentée ainsi que celle d'amandes et de pommes.

Un recul agricole vertigineux, en Corse, reflet d'une perte d'identité

Production de blé en quintaux

1868	670 000
1905	112 000

Source: Commission Delaney 1909

Au vu de ces chiffres, on mesure l'importance du recul agricole en Corse. La surface cultivée en céréales est passée de 140 000 hectares en 1840 à 2 600 hectares en 1980. Le désastre est consommé dans les années vingt. Un recul d'une telle dimension est probablement unique. Comme on parle de friches industrielles, on peut parler de friches agricoles.
Le blé continental et nord-américain cultivé dans des conditions de productivité incomparables a, peu à peu, envahi le marché corse atteignant aussi, par effet indirect, les élevages laitiers, ovins et caprins associés à la céréaliculture.
Le troupeau de chèvres et de brebis s'élevait à six cent mille têtes au début du siècle. Il y en a moins de deux cent mille aujourd'hui.
Cette pénétration du marché corse a été encouragée par l'Etat, grâce aux fameuses lois douanières favorisant, cent ans durant, les importations continentales et taxant les exportations corses. Ce système a duré jusqu'à la première guerre mondiale. C'était en fait une continuité territoriale avant la lettre. Renversant la problématique, on peut dire, à la manière de Clausewitz, que la continuité territoriale est la prolongation de l'esprit des lois douanières par d'autres moyens. Le maquis a remplacé les cultures et une part importante de celui-ci est post-cultural.
Plus tardivement mais de façon encore plus nette, la culture de l'olivier a subi la même évolution. Faisant la fortune des huiliers-savonniers marseillais, l'huile d'arachide du Sénégal se substitue à l'huile d'olive.

La cause du recul de l'exploitation de la châtaigneraie couvrant trente cinq mille hectares, se trouve aussi dans les importations de céréales qui fournissent un produit de substitution plus noble et à un moindre coût.

En Corse, une politique étatique à contre-culture

Le deuxième choc qu'a subi l'agriculture corse débute en 1957 par l'élaboration d'un Plan de mise en valeur qui entre en application dans les années soixante. Une Société d'Economie Mixte, la SOMIVAC, recevait d'importants moyens financiers publics pour réaliser de grands travaux d'aménagement et mettre en valeur les terres de la plaine orientale rendues salubres par les Américains à la fin de la dernière guerre. Un nouveau vignoble de plus de vingt cinq mille hectares était implanté essentiellement par des "pieds-noirs" à la recherche de terres, avec l'aide financière massive de l'Etat.
La production de vin avoisine les deux millions d'hectolitres en 1975. Leur mauvaise qualité ruine pour un temps l'image des vins corses.
Dans le même temps, l'élevage ovin dans la région d'Aléria, lieu principal d'implantation de la vigne, était décapité : 250 élevages sur 300 disparaissent. Les événements d'Aléria d'août 1975, qui vont sonner le réveil de la conscience nationale des Corses, se profilent.

Des politiques communautaires inadaptées à la Corse

Le troisième choc subi par l'agriculture corse est venu des politiques communautaires qui font face à une surproduction massive de vin. De 1976 à 1980, plus de huit mille hectares sont arrachés. A partir de1982, des dispositions plus énergiques

frappant les vins de coupage déclenchent une déroute totale, touchant l'ensemble du vignoble, et désorganisent la fragile économie agricole insulaire. La France avait fait classer la Corse, dans le groupe 5, auprès de la CEE, obtenant, en échange, la protection de ses propres vignobles.
Ces pratiques cyniques de troc sont courantes dans l'histoire de la Corse, la plus célèbre étant l'échange, au 19ème siècle, des forêts corses contre des avantages fiscaux connus sous le nom d'arrêtés Miot qui viennent d'être abrogés sans naturellement que les forêts ne reviennent dans le patrimoine insulaire !!!
De trente-deux mille hectares, le vignoble est redescendu à environ dix mille hectares. Deux mille hectares de terres en friche sont reconvertis en plantations de kiwis dans les années quatre-vingt. Une évolution de même nature que celle de la vigne est en train de se dessiner. Des importations massives extracommunautaires font baisser le prix de vente du kiwi, le rendant de ce fait non rentable, dans un avenir proche. Une nouvelle crise se profile, conséquence de politiques privilégiant les productions d'exportation soumises aux aléas de la conjoncture internationale, de plus en plus mouvante et incertaine. L'ensemble de ces politiques volontaristes a profondément désorganisé l'agriculture insulaire.
Le tourisme n'a pas entraîné d'augmentation notable de la production agricole en raison de la soudaineté de l'expansion touristique, de la difficulté pour les professionnels corses à répondre à une demande massive et diversifiée, concentrée dans le temps, des complexes touristiques ainsi qu'à des politiques agricoles "*export oriented*" négligeant le marché local. La conséquence en a été un accroissement considérable des importations de lait, de viande, de légumes et de fruits frais, denrées qui auraient pu être produites sur place.
Les exportations se concentrent, elles, sur trois produits : les vins, les agrumes et les kiwis. Les deux derniers subissent une concurrence, interne à la CEE pour les agrumes, et externe pour les kiwis.

Exportations
(en tonnes)

	1966	1970	1975	1980	1991
agrumes	40	1 700	7 740	24 680	15 914
vin	32 500	115 180	167 490	157 080	25 300
fromage	2 100	1 320	1 050	620	266

La montée en puissance des agrumes a été stoppée net par l'élargissement de la CEE à l'Espagne et la politique méditerranéenne d'ouverture aux productions du Maghreb. La chute de la production de vin est due à la crise viti-vinicole et à la politique d'arrachage dictée par l'Union européenne.

Exportations agricoles en 1991
(en tonnes)

	sorties *	exports **	total
agrumes	13 280	2 634	15 914
kiwis	8 201	6 992	15 193
salades	6 245	0	6 245
bois, liège	2 956	17 781	20 137
vin	24 368	932	25 300
fromage	266	0	266
pierre	3 789	41	3 830

Source : Douanes 1991 * sortie: vers la France ** exports : vers l'étranger et principalement l'Italie.

Le solde global du commerce extérieur agricole corse fortement négatif, reflète la faillite d'une politique fondée uniquement sur les exportations et indique les voies d'un renouveau qui est celui de la relance d'une économie de production fondée aussi sur l'import-substitution et appuyée sur des dérogations à négocier avec l'Union européenne.

Le déclin de l'agriculture se poursuit, provoqué par des politiques agricoles inadéquates décidées ailleurs et très peu soucieuses des réalités locales mais aussi par des évolutions plus générales touchant l'ensemble des pays industrialisés. Ce déclin compte pour beaucoup dans la crise d'ensemble du système socio-économique insulaire et dans la perte d'identité de l'île. Il explique les convulsions actuelles. Certains disent qu'ils ne comprennent pas ce qui se passe en Corse et réagissent outrancièrement.

Veulent-ils vraiment comprendre ? «Comprendre ou réagir», disait déjà Paul Valéry.

L'agriculture sarde est en déclin relatif mais est toujours dynamique

L'agriculture sarde représente 8% du produit intérieur et 15% des emplois. Avec 3 800 000 ovins produisant deux cent mille tonnes de lait - la moitié de la production italienne - trois millions de tonnes de laine et neuf millions de tonnes de viande, c'est avant tout une région d'élevage. Malgré ces chiffres impressionnants vus de Corse, l'activité agricole est en déclin relatif.

La Sardaigne n'a pas subi de profondes modifications de son agriculture jusqu'au lendemain de la seconde guerre mondiale. La "*Cassa del Mezzogiorno*" promeut de grands travaux d'irrigation (20 000 hectares). En 1962, dans le cadre du "plan de renaissance", 140 000 hectares sont mis en chantier

Le plan prévoit une série d'interventions sur les zones de culture sèche. Il s'en suit un certain "glissement altimétrique" de l'élevage à la recherche de bases fourragères irriguées. Cette politique contribue à consolider l'élevage bovin et surtout ovin qui représente près du tiers (trois millions de têtes) du troupeau italien de l'espèce. L'irrigation, en outre, permet une certaine diversification.

La production céréalière, bien qu'en déclin, a mieux résisté que son homologue corse, grâce à l'appui du gouvernement italien soutenant les intérêts sardes, dans ses négociations à Bruxelles. Cultivé sur des terrains non irrigués parfois peu fertiles, le blé est la céréale centrale de la Sardaigne. Une diminution des terres cultivées, de 145%, intervient entre 1957 et 1976.

La concurrence des éleveurs qui briguent les terres, la stabilité du prix du blé, autour de dix mille lires le quintal, la dispersion de la propriété foncière interdisant la modernisation des exploitations et des techniques culturales, conduisent, tout de même, à la régression de cette culture.

L'expansion des céréales entrant dans l'alimentation du bétail - avoine, orge et maïs hybride - confirme la progression de l'élevage moderne et des cultures irriguées, en particulier du maïs, dont l'île est nettement déficitaire. Elle en importe de Corse.

Le recul céréalier est plus tardif et moins accentué en Sardaigne qu'en Corse. Des cultures de substitution interviennent plus rapidement. La vigne répandue dans toute l'île couvre 74 000 hectares pour le vin et 1 760 hectares pour le raisin de table. Les techniques agronomiques ont beaucoup progressé mais la faible dimension des exploitations constitue une limite importante à la baisse des coûts de production.

L'oliveraie est, par les surfaces utilisées, la spéculation la plus importante après la vigne. La revalorisation de ce secteur est en cours par la création de coopératives, l'amélioration des techniques culturales, la mécanisation, l'irrigation, la sélection, la conservation et la commercialisation des récoltes. 42% de la production est originaire de la province de Sassari.

Les cultures fruitières occupent, en 1980, environ dix mille hectares, dont 70% dans la province de Cagliari. Ce sont principalement des agrumes et des pêches avec une production d'environ un million de quintaux.

Les agrumes, dans la seule province de Cagliari, occupent 3 340 hectares et fournissent 550 000 quintaux, soit 78% de la

production insulaire. Les pêches occupent 950 hectares. La production est de 48 000 quintaux et représente 74% de la production totale.
Les résultats globaux de l'activité fruitière restent modestes. L'esprit coopératif ne souffle pas, comme pour la vigne ou le secteur laitier-fromager. L'horticulture ne concerne que le marché local, à l'exception des artichauts, mais représente une part très importante des surfaces cultivées.
L'orographie et la nature géo-pédologique des terrains sont les facteurs structuraux limitant l'expansion territoriale d'une agriculture intensive et mécanisée dans l'île. La fertilité des terrains est modeste et les plaines ne constituent que 18% de la superficie totale.
Le fait le plus marquant reste sans conteste le rôle des instituts de recherche agronomique. Celui de Sassari a une grande notoriété au niveau européen. Ces instituts ont contribué au saut qualitatif qu'a enregistré l'agriculture sarde, ces trente dernières années. Les progrès dans la production sont contrebalancés par les insuffisances de la conservation, de la transformation et de la commercialisation.

Un élevage impressionnant en Sardaigne

Dans les années quatre-vingt, l'élevage ovin contribue, pour environ 30%, à la formation du produit intérieur brut agricole qui s'élève à 581 milliards de lires en prix courants. 45% du lait de brebis produit en Italie l'est en Sardaigne. 28 000 personnes y travaillent sur un total de 85 000 occupées dans l'agriculture. Cela représente 5% des 480 000 emplois de l'économie sarde et 2,5% du produit intérieur brut régional.
On compte, en 1990, 286 000 bovins, 253 000 porcs, 218 000 caprins et 3 060 000 d'ovins. Il faut y ajouter deux millions de poules et cent vingt mille lapins. Les cheptels d'équidés et de chèvres ont baissé. L'expansion du cheptel ovin se poursuit :

Importance des ovins en Sardaigne

date	nombre d'ovins
1875	560 000
1908	1 900 000
1941	2 000 000
1950	2 600 000
1960	2 300 000
1970	2 600 000
1980	3 000 000
1990*	3 060 000

* G.Angioni, dans *I Pascoli erranti*, avance même le chiffre de 3 880 100.

Cette augmentation, de 1970 à 1980, s'est produite en dépit de l'émigration de bergers sardes avec leurs troupeaux, en Italie centrale.

Avec vingt-cinq mille bergers, une densité de 105 brebis par km2, la meilleure race laitière en Méditerranée, une production moyenne de cent litres annuels, des pâturages qui occupent presque la moitié de la superficie de l'île, cette "*industrie du lait et du fromage*" crée une valeur ajoutée tournant autour de 20 à 25% du PIB. Le rendement moyen, par hectare, est seulement du tiers de la moyenne nationale italienne. Pour l'élevage ovin, la Sardaigne a une position prééminente en Europe méditerranéenne.

Miroir d'un système de valeurs, le peuple sarde voit, dans cette société agro-pastorale, la matrice d'une forme de civilisation propre à l'île. On peut parler, pour la Sardaigne, d'une économie identitaire, tout au moins pour l'agriculture.

Des industries fromagères et laitières performantes en Sardaigne

L'apport de l'élevage qui s'est élevé, en 1991, à 869 milliards de lires, représente 50% de la production agricole.

Le lait et la viande ovines y contribuent pour 24%, le lait et la viande bovines pour 17%, les porcs pour 8% et les œufs pour 1%.
Le lait compte pour 21% de la production agricole. La dévaluation passée de la lire et la demande soutenue du marché américain ont contribué à la bonne santé de l'agriculture. On enregistre néanmoins, pour 1992, un déficit agro-alimentaire de quatorze mille milliards de lires, en diminution de 7,5% par rapport à 1991.

Une distorsion existe entre le revenu très bas des bergers, en raison de baux exorbitants atteignant la moitié de leurs revenus, et celui des industries fromagères et laitières qui déterminent les conditions de la production.

Prégnances traditionnelles et innovations techniques importantes caractérisent cette agriculture dont on ne peut plus dire qu'elle est archaïque ou en retard de développement, mais seulement en pleine transformation et en mutation rapide.

La mécanisation et l'industrialisation de l'agriculture et de l'élevage, en Sardaigne, a été d'une ampleur exceptionnelle. C'est un fait probablement unique en Méditerranée et cela pose des problèmes d'une rare complexité, que la société sarde n'avait jamais connus.

Cette mutation a provoqué une crise profonde. La Sardaigne ne se reconnaît plus dans ces évolutions trop rapides et s'interroge, comme la Corse, sur le devenir de son identité.

Des politiques malgré tout plus adaptées aux réalités locales ont probablement contribué à rendre l'agriculture sarde plus performante que son homologue corse en créant une dynamique productive.

Un désert industriel en Corse et des "cathédrales dans le désert" en Sardaigne

La part de l'industrie dans la formation du PIB est de 10%. Cela concerne les industries agro-alimentaires, l'énergie, les biens de consommation et les biens d'équipement. Les autres rubriques ne sont pas significatives dans l'île. Si on exclut le bâtiment, la part de l'industrie rapportée au PIB marchand est probablement plus proche de 5% que de 10%.
L'emploi industriel, en progrès lent, représente 7,2% de l'emploi régional en 1993, contre 6,4% en 1975. La part de l'industrie, dans le PIB, est passée de 8,5 à 10%, entre 1985 et 1989.
Près de cent entreprises sont créées chaque année depuis dix ans. L'emploi salarié a augmenté de 12,5% reflétant un certain dynamisme. La structure du secteur reste fortement artisanale. 92% des entreprises ont moins de dix salariés et un industriel sur quatre est un artisan boulanger. Les deux activités les plus importantes, représentant la moitié de l'emploi industriel, sont l'énergie et l'agro-alimentaire. Peut-on parler d'industrie dans la situation corse ou est-ce un abus de langage ?

L'emploi industriel

	1985	1989	1993	évolution en %
industrie	5 814	6 411	6 123	+5,3
salariés	4 801	5 403	5 204	+8,4
énergie	1 307	1 415	1 269	-2,9
agricole	1 222	1 316	1 489	+21,8
bâtiment	10 333	9 965	8 963	-13,2
salariés	8 205	8 149	6 868	-16,3

Près de quatre mille emplois industriels sont concentrés à Bastia et Ajaccio. Les deux mille autres emplois sont répartis sur l'ensemble du territoire, dont environ cinq cents dans l'extrême sud à Porti-Vechju, Sartè et Prupià. De 4820 emplois industriels en 1962, on atteint 6108 emplois en 1990. Huit unités sur dix n'ont pas plus de deux salariés et seulement 5% des entreprises ont plus de dix salariés. On ne trouve qu'une entreprise industrielle dans la tranche cent à deux cents salariés. L'industrie corse n'a pas réussi à structurer un réseau de PMI-PME en raison de l'étroitesse du marché local, d'un substrat social et culturel à forte dominante agro-pastorale ne favorisant pas l'émergence d'une culture industrielle.

La structure de l'emploi salarié est le reflet de la faiblesse des entreprises corses sur les terrains de la productivité et de la compétitivité. Cela se répercute sur les salaires qui sont les plus bas de France.

Historiquement, la Corse a raté sa révolution industrielle. Aujourd'hui les bons esprits diront certainement que cela ne pouvait en être autrement, mais si on se replace dans le contexte historique du 19ème siècle, la situation était toute différente. La mondialisation de l'économie était infiniment moins avancée, les marchés étaient morcelés et protégés, l'insularité et la lenteur des transports donnaient aux essais d'industrialisation une chance de succès si une politique cohérente des pouvoirs publics avait été mise en œuvre.

Quelques tentatives eurent lieu. La plus célèbre fut l'éphémère industrie sidérurgique. Vers 1830, la Corse possédait de petites forges qui utilisaient le minerai de fer de l'île d'Elbe. Plusieurs hauts fourneaux firent leur apparition, au milieu du 19ème siècle, à Sulinzara, à Toga et à Porti-Vechju.

L'exploitation minière connut une faillite identique. Vingt et un gisements furent exploités : fer et antimoine au Cap corse, plomb argentifère à l'Argentella (1874), cuivre de Ponte-Leccia (1881) et de Tox, anthracite d'Osani (1889), l'usine d'amiante de Canari fermée en 1965.

Les usines d'extraits tannants, qui exportaient en Chine et en Amérique du Sud, au début du siècle, connurent le même sort. Ces dernières fermèrent à Barchetta, en 1954, et à Ponte-Leccia, en 1963. Cinquante ans plus tard, en 1998, un projet

d'implantation industrielle de retraitement du verre prend forme à Barchetta.
La concurrence internationale ajoutée au désintérêt des pouvoirs publics a conduit à ce ratage industriel, à une époque où les barrières douanières existaient et pouvaient donc maintenir une industrie locale, comme la théorie des industries naissantes le préconisait.
La transformation du tabac est une des rares activités qui ait survécu. L'industrie du bois fait figure, elle, de poids lourd. Elle anime de nombreuses scieries. Si, en Corse, deux usines de liège fabriquaient, il y a cinquante ans, des bouchons et ont disparu, à Calengianus, en Sardaigne, l'industrie du liège fait la fortune de cette cité. Une troisième utilisait le pin làriciu pour façonner des séparateurs d'accumulateurs.
L'exploitation et l'exportation du bois sont toujours d'actualité. La déforestation, en Sardaigne, est ancienne et avancée, en raison des pratiques sauvages, remontant au 19ème siècle, des "carbonari" toscans et d'une consommation élevée induite par une population et une activité économique importantes. La Sardaigne est fortement déficitaire en bois. Elle a importé de Corse, en 1992, 8 831 tonnes à comparer aux 1 400 tonnes de 1990.
Avec deux cent vingt mille hectares de forêt, la Corse a préservé son capital forestier. La relance, dans les années quatre-vingt, de la consommation de bois de chauffage a favorisé un regain de l'industrie de la coupe du bois. Outre la redynamisation du marché local, on assiste à l'arrivée de gros exploitants en provenance d'Italie et de Sardaigne, conséquence du tarissement du marché yougoslave dû à l'éclatement de la Fédération et fournisseur traditionnel de la péninsule. La Corse est devenue la nouvelle source d'approvisionnement surtout pour la Sardaigne.
L'accroissement de la demande locale mais surtout de la demande extérieure entraîne un certain nombre d'abus et d'excès. La recherche de profits immédiats, tant de la part du

propriétaire que de l'exploitant, donne lieu à des dégradations qui peuvent s'avérer irrémédiables. L'indivision freine le phénomène dans l'anarchie la plus totale. Le code forestier, vieux de deux siècles, inadapté au contexte corse, rend possible un tel état de fait.

La maîtrise de cette filière suppose des règles plus adaptées au contexte insulaire, une nouvelle organisation de la profession, une revalorisation des métiers du bois sauvegardant le capital forestier et permettant une exploitation rationnelle. Celle-ci peut être créatrice de richesses pour l'île à condition de prévoir des possibilités de transformation d'une matière première, aujourd'hui, peu porteuse de valeur ajoutée.

Sans la définition et l'exécution de politiques soucieuses de rationalisation et de protection de la ressource, la Corse rejoindra la longue liste des pays pillés. Elle le fut, par exemple, au 19ème siècle, par une société anglaise qui dévasta une forêt de chênes dans le massif de Bavella. La Sardaigne subit, elle, les ravages d'une société française qui fabriquait des traverses de bois pour les voies ferrées. Certains équilibres écologiques fondamentaux furent rompus : l'eau manque en Sardaigne. Elle est aujourd'hui dessalée à Porto-Torres.

Quant au liège, la Sardaigne a développé une industrie, aujourd'hui en voie de disparition en Corse. Celle-ci exporte sa matière brute sur l'île voisine. Le liège travaillé revient de Calengianus sous forme d'artisanat à forte valeur ajoutée - 50 tonnes en 1991 - et fait la richesse de cette région de la Gallura dont la production atteint douze mille tonnes et qui compte certains des plus gros industriels mondiaux de liège. Ces dernières années, la Corse exporte environ deux mille tonnes de liège brut vers la Sardaigne.

En Corse, l'artisanat rural, si vivace au 19ème siècle comme le travail du bois, la fabrication de la toile et du drap, a périclité avant 1914, comme les petites usines qui produisaient des pâtes alimentaires, des savons ou qui tannaient les peaux. Il subsiste aujourd'hui des distilleries, des fabricants de boissons ou d'apéritifs. L'eau, en bouteille ou en vrac, commence à être exploitée et peut constituer un produit exportable vers la Sardaigne et même vers l'Algérie ou l'Amérique du Nord comme cela s'est fait récemment.

Des tentatives industrielles très fragiles en Corse

Des efforts ont été faits ces dernières années pour tenter de développer les filières de l'agro-alimentaire, de l'aquaculture, de la pierre, des eaux minérales et de source.
Le secteur agro-alimentaire est relativement structuré et se développe de façon satisfaisante. Il emploie 1768 salariés.
L'aquaculture a connu un essor important. Avec une dizaine de fermes, la Corse est devenue la première région piscicole de France avec une production de mille tonnes de loups et daurades mais la concurrence commence à se faire sentir depuis peu.
L'organisation de la filière pierre connaît, par contre, des difficultés. Malgré la présence de gisements importants et de bonne qualité en pierres ornementales, l'insuffisance des investissements productifs couplée à un savoir-faire médiocre et à un potentiel de commercialisation insuffisant, rend difficile son démarrage.
L'exploitation des ressources en eau en est encore au stade artisanal malgré un potentiel très important et mériterait d'être développée, surtout lorsqu'on connaît les problèmes de la Sardaigne, dans ce domaine. Une étude de la Société de Mise en Valeur de la Corse avait d'ailleurs exploré la possibilité d'alimenter la Sardaigne en eau.
Le potentiel corse le permettrait, à condition de développer les retenues et de satisfaire, d'abord, les besoins des agriculteurs insulaires qui subissent déjà la pression de la consommation touristique fort vorace en eau à laquelle il faut ajouter le remplissage des piscines et l'arrosage des golfs et des gazons.

L'industrie du bois est quasi inexistante malgré un domaine forestier important, la présence de variétés de bois nobles et une suberaie appréciable de 25 000 ha mais en mauvais état.
La filière viande est en voie de structuration et pourrait alimenter un marché italien très friand de «veau rosé» qui lui vient traditionnellement de Yougoslavie si des abattoirs, aux normes européennes, étaient construits dans l'île, ce qui, depuis peu de temps, commence à se concrétiser. Car aujourd'hui la viande corse ne répond pas aux normes d'abattage communautaire ni au goût français.
Il est loin le temps, où, au 16ème siècle, nous rappelle Fernand Braudel, la Corse exportait de la viande salée ou « *misgiscia* ».
L'inventaire industriel corse est, on le voit, réduit à sa plus simple expression. Le mot de "désert industriel " n'est pas exagéré. Le système tarifaire des transports peu favorable à l'exportation, l'éloignement du marché français couplé à l'insuffisante compétitivité des produits insulaires et à la faible productivité des entreprises corses, ont conduit à la situation présente.
Un mur psychologique, renforcé par des politiques nationales, a été volontairement érigé avec l'Italie alors qu'elle est une zone naturelle d'échanges en raison de sa proximité géographique et culturelle. A titre d'exemple l'éducation nationale, pendant longtemps, a favorisé l'apprentissage de l'espagnol au détriment de l'italien. Ces politiques ont déstabilisé durablement la Corse en la coupant de son berceau naturel en Méditerranée. Aujourd'hui, bien tardivement et sous la pression de l'Europe et de ses programmes *Interreg*, l'Etat tente d'encourager une politique d'ouverture vers l'Italie.

Une politique étatique velléitaire en Corse

Dans les années quatre-vingt, seules deux expériences novatrices ont été menées, ce, dans les domaines des

composants électriques et du matériel aéronautique alors qu'un Comité Interministériel chargé du développement industriel de la Corse avait été mis en place en 1982.
Il ne s'est jamais réuni si ce n'est le jour de son intronisation, à l'hôtel Matignon, en présence du Premier ministre, Pierre Mauroy, le 9 août 1983. Une mission Essig, constituée il y a quelques années, étudie, dix ans après, les possibilités de relance de cette politique avortée. Plus personne n'en entend parler. Est-ce un enterrement de plus ?

Une industrie du bâtiment relativement prospère en Corse

En fait, la seule fraction dynamique du secteur secondaire reste la construction, les travaux publics et les activités qui lui sont liées : fabriques d'agglomérés, carrelages, béton, briqueteries, tuileries, menuiseries.
Malgré un léger déclin de la construction liée au tourisme, qui se développe toujours, le bâtiment et les travaux publics, avec 2800 établissements, occupent 12% de l'emploi régional. La prépondérance des petites entreprises est écrasante :

Taille des entreprises et nombre d'employés

nombre d'employés	nombre d'entreprises
moins de 10	2 600
10-50	140
50-100	7
100-200	2
plus de 200	1

Cette branche subit depuis quelques années une crise conjoncturelle ou structurelle, l'avenir le dira. La construction de logements neufs est à son plus bas niveau depuis cinq ans.

Le nombre de chantiers en construction est en repli de 25% surtout en Haute-Corse. Les commandes publiques permettent seules de maintenir l'activité à un niveau minimum. Les entreprises de travaux publics évitent ainsi la récession.
Cette tendance est le reflet, pour une bonne part, de l'évolution nationale qui a conduit à une détérioration de l'emploi, à une baisse des investissements et à une chute de la création d'entreprises.
En conclusion, il manque un étage à la structure économique corse, l'étage industriel. La Sardaigne le possède. Les comparaisons entre les deux îles, dans ce domaine, n'ont, pour cette raison, pas beaucoup de sens, sauf à observer les grandes différences des politiques nationales menées par l'Italie et la France et évaluer les résultats qu'elles ont produits.

La création d'une industrie lourde en Sardaigne, source de bouleversements

L'industrie sarde contribue, pour 33%, au produit intérieur brut de la région et représente 28% des emplois de l'île. Le secteur le plus important est celui de la transformation, avec 64 500 salariés et 10 200 établissements.
La pétrochimie, avec la raffinerie de Sarroch, est la plus grande et la plus moderne d'Italie. On y traite douze millions de tonnes de pétrole brut.
La fabrication de fibres synthétiques, à Villacidro, atteint, pour les fibres acryliques, vingt-quatre mille tonnes par an et pour le Nylon, neuf mille tonnes, soit 50% de la capacité nationale italienne. La production d'aluminium à Porto Vesme constitue la totalité de la production de l'aluminium italien d'où son importance stratégique. L'usine à papier d'Arbatax est une des plus modernes d'Europe, et a une capacité de deux cent mille tonnes par an. Riche en ressources minières, l'île exploite des

gisements de plomb, de zinc, de fer, de nickel, d'argent, de cuivre, d'alumine, d'or et de charbon à des conditions qui ne sont pas forcément celles du marché international. La supercentrale de Sulcis doit utiliser ce charbon dans un avenir proche. Investissements colossaux et aides publiques massives caractérisent la vie de cette industrie, inventée de toutes pièces par l'administration et les grands groupes publics italiens. L'industrie sarde traverse des crises multiples et sévères mais elle existe. Dans un domaine plus traditionnel où une comparaison avec la Corse peut être effectuée, l'île produit cinq cent mille tonnes de granit représentant les deux tiers de la production italienne, mais moins de 10% sont traités sur place.

Une volonté politique forte

Impulsée par la "*Cassa per il Mezzogiorno*" en 1950, relayée par "*Il Piano di rinascita*" en 1962, l'industrialisation provoque une profonde transformation de la structure de l'économie.
C'est le passage d'une industrie à caractère artisanal, à l'exception du secteur minier, à une industrie à forte intensité capitalistique et orientée vers l'exportation.
Le littoral a été, à l'exception d'Ottana, le grand bénéficiaire des mesures d'incitation à l'industrialisation prises à partir des années soixante. Les régions de Sassari, Porto-Torres et de Cagliari se sont développées considérablement tandis que l'intérieur avait tendance à se désertifier.
La première aire s'est constituée autour du complexe pétrochimique de Porto-Torres et s'est élargie jusqu'à Sassari, la deuxième a pris appui sur Cagliari et comprend une raffinerie, un complexe chimique lourd et des industries mécaniques légères.
Cette politique d'industrialisation volontariste a été menée sous l'impulsion de la puissance publique. Elle s'est caractérisée par des investissements très capitalistiques, une forte concentration

dans le secteur pétrochimique, un ciblage territorial par pôle, et des aides financières publiques massives et à taux d'intérêt réduits, à un moment où le Marché commun naissant n'était pas aussi exigeant qu'aujourd'hui, alors que les mêmes règles, visant à ne pas fausser la concurrence, prévalaient déjà.
La grande industrie, en Sardaigne, est née de la volonté de l'homme et non des marchés. Cela va poser le problème de son adaptation au contexte économique international.

Un bouleversement économique et culturel en Sardaigne

Cette industrialisation a une série de conséquences, les unes positives, les autres négatives. Des modifications structurelles interviennent. La taille des entreprises croît, les moyennes remplaçant les petites. La classe ouvrière s'élargit, modifiant notablement les structures sociales. L'emploi et les revenus augmentent. En contrepoint, de nombreux déséquilibres apparaissent. Le secteur industriel devient dual. Une excessive concentration géographique accentue la désertification de l'intérieur.
L'industrialisation a détruit l'équilibre ancien et n'a pas induit de réelle dynamique de développement à caractère endogène. Certains parlent "*d'industrialisation sans développement* " en raison de son caractère exogène tant dans sa conception que dans sa mise en œuvre.
L'emploi industriel est passé de 21%, en 1951, à 39%, en 1971, mais 80% de cette augmentation est due au "boum" de la construction. A très forte intensité capitalistique, cette industrialisation a créé relativement peu d'emplois. Le développement de l'industrie n'est pas arrivé à compenser les pertes d'emploi résultant de la modernisation de l'agriculture. L'accroissement du chômage s'est nourri de ce déséquilibre. Malgré des tentatives de rééquilibrage sectoriel et géographique, la grande industrie traverse une crise sévère.

Cependant, des petites et moyennes entreprises locales sont dynamiques dans les secteurs du liège, du granit, des matériaux de construction, du fromage.

Sur le plan socioculturel, les effets de l'industrialisation ont été notables mais, peut-être, moins décisifs que ceux provoqués par l'irruption de la modernité, que les moyens de communication de masse ont introduite dans chaque foyer. L'éradication du banditisme qui devait en découler ne s'est pas produite. On est passé du bandit au délinquant. La Corse non industrialisée, mais soumise à la même modernité, a subi une évolution comparable.

L'industrialisation a accentué la concentration urbaine et généré un nouveau clientélisme politique : "Le secrétaire local du Parti au pouvoir a remplacé le propriétaire terrien" dans cette fameuse dépendance interne, de père à fils, et externe, de propriétaire à berger, illustrée dans "*Padre padrone*" des frères Taviani.

L'industrialisation, dans ses deux phases, sauvage dans les années soixante, programmée dans les années soixante-dix, a accéléré le phénomène de polarisation de la population autour de Sassari et de Cagliari. Elle a coupé l'île en deux parties, l'une urbaine, intégrée, et l'autre, agricole, rurale et en retard de développement. Elle a aussi renouvelé le lien clientélaire, en transposant, de la campagne à la ville et dans les usines, cette relation de dépendance "a l'usu paisanu" perpétuant les comportements politiques anciens.
L'industrialisation a favorisé l'insertion de l'île dans l'économie nationale, européenne et même mondiale. La résultante en est une société duale en perte d'homogénéité et oscillant entre les valeurs d'hier et celles incertaines d'aujourd'hui. Comment comparer le désert industriel corse à une industrie sarde ou

implantée en Sardaigne, même si certains pensent, dans l'île voisine, que ces industries sont des "*cathédrales dans le désert*"?

La consommation d'électricité résume les différences entre les deux économies. La pointe de consommation se situe le soir, en Corse, le matin, en Sardaigne.

Consommation finale d'électricité en Corse
*(en milliers de tonnes équivalent pétrole *)*

1984	1987	1992
134	150	208

* 1 TEP = 4500 kWh d'électricité

Consommation d'électricité en Sardaigne
(milliers de kWh)

	1992
total	7 912 262
dont usage domestique	1 835 112
dont pôles industriels	3 738 703

Un projet de câble, partant de l'Italie et alimentant, en énergie, la Corse (Ico) et la Sardaigne (Sacoi) est à l'étude depuis quelques années. Il aurait pour avantage d'abaisser fortement le coût de l'énergie. Présentant des avantages pour la protection de l'environnement, et l'abaissement des coûts, il pose, de façon aiguë, le problème de l'indépendance énergétique des îles et celui de l'emploi dans les centrales existantes. Et que se passera-t-il en cas de rupture du câble ?
Ce projet de câble ne peut donc être la solution unique ou même principale à l'approvisionnement des deux îles. Les besoins énergétiques des deux îles ne sont, en outre, pas identiques.

Le tourisme, un poids relatif différent dans les deux îles

Le tourisme, controversé ou accepté, axe de développement pour les uns, vecteur de déstructuration économique, sociale et culturelle dans des pays à l'équilibre fragile pour les autres, n'a pas le même poids relatif dans les deux îles même si le nombre de touristes reçu est comparable : un million sept cent mille, en Corse, contre un million quatre cent mille, en Sardaigne.
Le rapport touristes/habitants est de 0,8 en Sardaigne et de 6,8 en Corse. La pression touristique est huit fois plus forte en Corse qu'en Sardaigne. Celle-ci a encore des marges d'accueil que la Corse n'a probablement plus. La Sardaigne en termes de pression touristique se trouve dans la situation de la Corse au début des années soixante. Il est normal que le tourisme soit vécu quelque peu différemment dans les deux îles.
En Corse, la baléarisation rampante aurait été sûrement galopante si une autre situation politique avait prévalu dans l'île depuis vingt ans. La Sardaigne plus peuplée et plus industrialisée est encore à l'abri. Pour combien de temps ?

Des structures touristiques différentes

Si l'évolution des campings reste très proche dans les deux îles, ces dernières années, dans l'hôtellerie, l'écart est considérable tant en structure qu'en taille. Le tourisme sarde est moins international. Il est moins structuré et moins diversifié que le corse. Il est plus concentré spatialement et temporellement.

En Corse, 90 % de la richesse créée ne vient pas du tourisme

En forte croissance, depuis trente ans, le tourisme, nous dit l'Insee, contrairement à l'opinion généralement admise, ne représente, en Corse, que 10% de la valeur ajoutée ou de la richesse créée. Il contribue pour 20% à la consommation des ménages et à l'emploi.

La croissance du flux touristique en Corse

1970	500 000
1983	927 000
1986	1 100 000
1988	1 222 000
1990	1 310 000
1991	1 335 000
1992	1 880 000
1996	1 600 000
1997	1 770 000

Ce flux est supérieur, en volume, à celui de la Sardaigne. Il a quadruplé en trente ans. Mais le nombre des nuitées n'a pas suivi, en raison du raccourcissement de la durée des séjours qui est tombée à 14,5 jours, si bien que les 23 millions de nuitées, de 1982, n'ont jamais été égalées. Il s'est stabilisé autour de 21 millions.

Comme la Sardaigne, la Corse se singularise par l'extrême concentration de la fréquentation, en été. Le printemps et l'automne corses se vendent peu si ce n'est pour la clientèle du troisième âge. En 1998, l'avant-saison semble plus prometteuse. Mais 68% des nuitées prennent place en juillet et en août.

La répartition par nationalité a évolué ces dernières années. Les Français sont passés de 75% en 1977 à 52% en 1989. 25% sont des Corses, ce qui laisse supposer que la chute des touristes français est encore plus accentuée si on retient l'idée d'une stabilité du retour des Corses chez eux, ce qui demande d'ailleurs à être vérifié. Doit-on comptabiliser les Corses comme touristes ?

Sur le plan culturel, cela semble une aberration que retiennent

les statisticiens, même si, sur le plan économique, cela peut se concevoir partiellement.
En 1998, le retour des touristes français intervient après les événements dramatiques d'Ajaccio, de février 1998. La Corse, titre *Paris-Match*, en ce mois d'août 1998, est à la mode. On peut, d'ailleurs, s'interroger sur l'incidence de la violence sur le flux touristique et remarquer que les années du «boum» touristique ont été aussi des époques de très grandes violences. Entre 1983 et 1992, époque où les attentats atteignirent des sommets, le nombre de touristes double en dix ans, passant de neuf cent mille à un million neuf cent mille.
La clientèle étrangère a grossi fortement sous l'impulsion de la ruée italienne qui a représenté jusqu'à 45% du flux surpassant la clientèle allemande qui n'en constitue plus que le tiers. La proportion des Italiens s'est réduite, ces dernières années, en raison de la dévaluation de la lire mais l'instauration de l'euro éliminera ce problème de change.
Les Suisses (7%), les Britanniques (6%), les Belges et les Allemands contribuent à étendre la saison, tandis que les Français et les Italiens participent au phénomène très préjudiciable d'hyperconcentration, l'été.
On évalue que la part de l'hébergement non professionnel, c'est-à-dire des résidences secondaires - 52 000 - des Corses de retour dans leur maison, du camping sauvage, se monte à plus de 50% comme en Sardaigne et génère environ 150 millions de francs. On retrouve, dans ces catégories, des Français et des Corses. Les étrangers fréquentent davantage les hôtels et les villages de vacances.
Avec 726 établissements, en 1989, l'hébergement professionnel offre une capacité potentielle de 116 000 lits répartie pour 51% en places de camping, 28% en villages de vacances et 21% en hôtels. On observe un surdéveloppement du camping et son extrême concentration sur le littoral. On dénombre, dans l'île, 83 lits d'hôtel pour 1000 habitants contre 18 au niveau national, et 220 places de camping, contre 46 pour la France entière.

L'hôtellerie familiale a des difficultés de développement tandis que la grande hôtellerie a des problèmes de rentabilité en raison de l'étroitesse de la saison.
La clientèle est relativement aisée : 22% de cadres supérieurs, 16% de cadres moyens, 30% d'employés et d'ouvriers et 9% de retraités.
Le tourisme se démocratise, la clientèle à hauts revenus représentant une part décroissante. La multiplication des camping-cars et des caravanes a un impact important sur la nature de la dépense touristique, en raison du stockage alimentaire que permet ce type de véhicules.

Le prix collectif du tourisme

Le type de tourisme évolue. Il est toujours principalement balnéaire mais le tourisme vert croît. Les randonnées pédestres et équestres se développent. La plongée, prédatrice parfois, la pêche en mer et en rivière, source de ravages irréversibles à l'occasion, le canyoning, l'escalade et le parapente, dangereux, sont de plus en plus prisés, ce qui pose de nouveaux problèmes de sécurité au coût financier élevé et de protection de l'environnement, de la flore et des espèces sauvages.
La Corse est-elle vouée à être un terrain de jeu grandeur nature ? Quel en sera le prix collectif et quels en seront les bénéficiaires ?

L'impact économique : une question mal cernée en Corse

En 1996, le tourisme représente 9,5% de la valeur ajoutée totale de l'île. D'emblée, on peut s'étonner de son faible apport à la richesse de l'île, surtout si on le compare au bouleversement estival qu'il provoque dans de multiples domaines.
La raison principale de ce paradoxe se trouve dans sa mauvaise

intégration dans le reste de l'économie : 44% de la consommation touristique et des emplois saisonniers proviennent de l'extérieur. La dépense touristique s'élève à près de quatre milliards, en 1996, hors frais de transport. Cette dépense ou chiffre d'affaires ne signifie pas création de "richesse".

De plus, c'est un chiffre brut qui ne prend pas en compte les sorties d'argent non négligeables des touristes insulaires qui se rendent, hors de Corse, tout au long de l'année. Le solde net n'est pas connu. Le tourisme est devenu, aujourd'hui, à double sens.

C'est la valeur ajoutée, production nette des consommations intermédiaires, qui mesure la richesse créée. On estime la valeur ajoutée directe à un milliard et demi de francs. Avec la valeur ajoutée induite, on arrive à un chiffre de deux milliards de francs. Celle-ci varie peu depuis une dizaine d'années. Le nombre de touristes augmente mais ceux-ci dépensent moins. L'hébergement représente plus de la moitié de la valeur ajoutée directe du tourisme.

La consommation touristique représente 20% de la consommation des ménages. L'hébergement et la nourriture sont les postes de dépense les plus importants. Ils contribuent pour respectivement 35% et 34% à la dépense totale en 1996.

Le poids des dépenses des touristes, dans le chiffre d'affaires des entreprises, mesure leur degré de dépendance vis-à-vis du phénomène touristique. La consommation alimentaire des touristes et donc leurs dépenses, sont semblables à celles des résidents. Le surplus de chiffre d'affaires des alimentations tourne autour de 25% mais la concentration de la saison pose des problèmes de gestion du personnel et de stocks. Pour les commerces de détail non alimentaires, l'impact du tourisme est moindre et est estimé à 14% du chiffre d'affaires.

Incidence du tourisme sur le chiffre d'affaires

magasins de sport, camping	40%
habillement	19%
pharmacie	14%
ameublement	8%
automobile	7%
cafés, restaurants	45%
hôtels, campings, villages	97%
transport	44%
location	24%
culturel, sportif	34%
coiffure, blanchisserie	14%

En termes de valeur ajoutée, c'est-à-dire de création de richesses, l'impact réel du tourisme est plus limité.
Environ 50% de la dépense touristique alimente les importations. Cette fuite hors du circuit économique insulaire est considérable et pose le problème de sa contribution à un réel développement de la Corse.
Quel est donc l'intérêt de se spécialiser dans des activités qui, pour plus d'une moitié, profitent à d'autres ? Le tourisme serait-il le dernier avatar et la nouvelle frontière d'une colonisation économique mais aussi culturelle qui ne dit pas son nom ?

Valeur ajoutée par secteur

	%
auto, carburant	16
alimentaire	30
non alimentaire	35
transport	71
café, restaurant	67
hébergement	70

La contribution du tourisme à la valeur ajoutée agricole est de 7% et montre son faible impact sur la production agricole insulaire.
Quatorze mille emplois sont induits par les activités purement touristiques. Les trois quarts de ces emplois sont saisonniers. 54% d'entre eux sont occupés par des non-résidents. La rémunération qui leur est versée - 88 millions - échappe, pour partie, à l'économie locale.
L'apport du tourisme est finalement très modeste, en termes de richesses créées, alors que l'espace qu'il occupe physiquement et psychologiquement est surdimensionné.
Il existe, en outre, des difficultés objectives de quantification et d'évaluation. Faut-il comptabiliser les Corses de retour dans l'île, l'été ? L'Insee le faisait, il y a une quinzaine d'années. On accordera qu'il existe une différence entre « ces touristes » et ceux qui se rendent au club Méditerranée.
L'Insee rapportait en 1978 :" La quasi-totalité des Corses de l'extérieur - neuf sur dix - loge dans une maison de famille. Ils représentent le quart de ce que l'on comptabilise comme touristes (656 000 en 1977). Ils sont à distinguer des "vrais touristes" car "leur comportement n'est pas le même" (Insee, 1978).
Combien sont-ils aujourd'hui? Mystère. Ce type de comptabilité a disparu pour des raisons de non-ségrégation, nous dit l'Insee. Dans une optique européenne, on devrait, alors, distinguer uniquement entre les communautaires et extra-communautaires. Où commence, où finit la ségrégation ?

Le non-dit et les arrière-pensées, on le voit, foisonnent dans l'appréhension du phénomène touristique. Ils masquent des choix stratégiques que l'on n'ose avouer clairement. Vaclav Havel a l'habitude de dire que "*le monde se meurt de ce que les gens ne disent pas ce qu'ils pensent et ne pensent pas ce qu'ils disent*".

Ce flou artistique brouille un essai d'évaluation objectif de l'apport de ce secteur à l'île. Faire du tourisme la locomotive de l'économie insulaire, comme le préconise la Datar, n'est tout simplement pas possible, si tant est que cela soit souhaitable. Comme le montrent les chiffres, il constitue un modeste complément de ressources. Mais il ne peut être le moteur unique ni même principal du développement de l'île, comme spéculent, avec de lourdes et transparentes arrière-pensées, certains financiers et stratèges publics.
Il faut se rendre à cette évidence un peu surprenante et en accepter le paradoxe : la Corse, pays touristique, ne vit pas du tourisme, ce, malgré deux millions de touristes et les deux milliards de chiffre d'affaires que génère cette activité. Seuls quelques gros transporteurs, promoteurs, spéculateurs et grands groupes de distribution tirent leurs marrons du feu estival, tandis qu'une majorité d'insulaires le subit ou récolte les miettes d'un festin auquel elle n'a pas été conviée.

Une rentabilité économique et sociale très faible

Au plan macro-économique, si on prend en compte les investissements que le tourisme nécessite dans le domaine des infrastructures, des équipements publics surdimensionnés pour faire face à l'affluence estivale et des charges récurrentes trop lourdes pour beaucoup de communes qui ne peuvent plus boucler leur budget, la rentabilité économique et sociale interne de l'industrie touristique est certainement très faible.
L'attrait touristique de la Corse, pour les banques, vient principalement des plus-values spéculatives escomptées sur les terrains et non de l'exploitation de petits commerces laissés aux autochtones et en voie de marginalisation.

Si l'impulsion de l'Etat a été faible dans l'émergence du tourisme insulaire, la création de la SETCO, Société pour l'Equipement Touristique de la Corse, en 1957, a eu valeur de symbole, même si son action a été limitée. Le choix touristique qu'impliquait cette création ouvrait la porte aux intérêts privés aidés par le Crédit hôtelier. La SETCO définissait sa politique ainsi : *« L'introduction d'exploitants et de salariés étrangers à l'île sera indispensable aux premiers efforts de mise en valeur »*.

La Corse devenait terre de colonisation, cent ans après que le préfet Grandval, en 1878, dans un discours public, souhaitait prospérité à *«cette belle colonie »* corrigeant, de la sorte, la prophétie du Sieur Griffon, de 1848, qui énonçait doctement que *« L'Algérie, à raison de son immense étendue, sera pour nous préférable à la Corse »*.

L'intervention de grands groupes financiers (Banque Lafond, Chargeurs réunis, Plm, Compagnie transatlantique, Banque de Paris et des Pays-Bas, Trigano, capitaux allemands, belges, suisses, Uta, Compagnie Paquet, Caisse de Dépôts, Snecma, PTT, Armée, EDF...) engendrait les gros villages de vacances et les lotissements résidentiels les plus importants. Des milliers d'hectares étaient gelés en attendant d'être livrés à la spéculation. Les conséquences de ces choix conduisent aux difficultés d'aujourd'hui que l'on retrouve en Sardaigne sur la Costa Smeralda.

A cela, il faut ajouter la question de l'eau et de son partage entre un usage agricole ou touristique. La consommation d'eau est multipliée par cinq ou six et, dans certains endroits, par vingt, en période touristique. On commence à en réglementer la consommation un peu partout. Mais cela concerne, en priorité, les résidents permanents ! ! !

Enfin, les problèmes de l'origine des capitaux investis et les difficultés de la sauvegarde du littoral, en danger permanent de " bétonisation", se posent de façon de plus en plus aiguë. La pression spéculative, particulièrement dans la région de Bonifaziu, est à l'origine des graves difficultés d'aujourd'hui.

Les infractions à la loi littorale, les irrégularités multiples liées

au foncier sont, d'ailleurs, identiques à celles que l'on trouve tout aussi bien sur la Côte d'Azur ou en Sardaigne.
Dans ce contexte, la question des incendies et celle de leurs causes est d'actualité dans les deux îles comme, aussi, dans d'autres régions et pays. La flambée des feux, en Méditerranée, en 1998, est inquiétante. Les pays touristiques sont particulièrement affectés par ce fléau davantage lié à la spéculation immobilière qu'aux écobuages des bergers.

Depuis une quinzaine d'années, partant de l'idée simple mais peut-être fausse que le tourisme constitue la panacée au développement de la Corse, une politique de prêts débridée a été pratiquée par certaines institutions financières comme le Crédit agricole et la Caisse de Développement de la Corse, sans analyse sérieuse de la rentabilité de ces investissements et a conduit à un endettement lourd de ce secteur.
« Une idée fausse mais simple aura toujours plus de puissance qu'une idée vraie, mais complexe » disait, déjà, Tocqueville.

Le tourisme est-il un domaine où l'aide publique doit intervenir ?

Certainement pas, répondent les économistes, sauf pour les infrastructures. Comme le disent les Anglo-Saxons, c'est un « self sustaining sector ». En d'autres termes il doit être rentable.
La Caisse de Développement de la Corse, créée en 1982, qui a pratiqué une politique de prêts massifs au secteur touristique, est l'exemple même de ces fausses institutions régionales gérées, en fait, par Paris.
L'objectif recherché est autant d'arroser, sélectivement, les amis politiques et les opposants dont on espère qu'ils abandonneront leurs revendications que de contribuer au développement. Ce genre de politique finit généralement mal.

Les résultats économiques de la Caisse ont été dérisoires et ses résultats politiques, catastrophiques. Celle-ci est en faillite et les ferments de division, que sa politique a introduits, ont conduit à la gravissime situation d'aujourd'hui.
En Corse, pour une bonne part, les drames et les morts intervenus dans les années quatre-vingt-dix, sont la conséquence d'une gestion gouvernementale de l'argent public, à des fins politiques. On retrouve les mêmes procédés en Nouvelle Calédonie.
Sur le plan culturel, enfin, les désordres qu'engendre une société à dominante touristique, ont été suffisamment analysés pour qu'il ne soit point besoin d'insister : consumérisme, perte d'identité, de repères et de valeurs...
Le passage d'une société de don à une société mercantile rend difficile le mariage entre l'hospitalité due à « *u furesteru* », en Corse ou à « *l'anzenu* », en Sardaigne, et le rapport d'échange purement monétaire que crée le tourisme de masse.
Identité et tourisme ne peuvent certainement pas s'accorder comme le pensent certains. Si un tourisme évolué est à la recherche de pays à forte identité, son développement conduit inéluctablement à la disparition lente mais sûre de l'originalité et de l'authenticité de la région visitée. Très vite, l'identité n'est plus qu'un décor ou un masque.
L'économie a de fortes incidences culturelles que l'on mesure de plus en plus rarement aujourd'hui. La culture n'est souvent qu'un patrimoine à valoriser dans une perspective purement mercantile.

En Sardaigne, le tourisme se voit confier un rôle de secteur porteur conjointement à l'industrie et l'agriculture

Le décollage touristique de la Sardaigne date des années soixante. C'est aussi, à cette époque, que la puissance publique commence à réfléchir sur la question touristique. Des

propositions sont faites visant à mettre en place un "*Plan de valorisation touristique de l'île*".
La région, qui bénéficie, en matière de tourisme, d'une compétence normative primaire et exclusive, en raison du statut spécial de l'île, crée "l'Ente sardo industrie turistiche" (Esit). Dans le plan quinquennal 1965-1969, le tourisme se voit confier un rôle de secteur porteur de l'économie, conjointement à l'industrie et l'agriculture.

Un développement mal maîtrisé

Entre cette volonté de programmation et la réalité de ce qui se passe, un sérieux fossé se creuse.
Le plan ne mentionne même pas la Costa Smeralda, qu'une journaliste du *Monde* dénomme joliment et justement « *une Italie entre parenthèses* ». Dans le même état d'esprit, combien de « *petites Frances entre parenthèses* » y a-t-il en Corse ?
Pôle touristique majeur de l'île, la Costa Smeralda a été sponsorisée par l'Aga Khan qui, dans un premier temps, avait envisagé de s'installer du côté de Pinareddu près de Porti-Vecchju.
D'autres Aga khan s'occuperont, dans l'extrême sud de la Corse, de Bunifaziu à Rondinara, de Sperone à l'île Cavaddu, (Cavallo et Bonif pour les initiés de la jet-set) avec un savoir-faire limité quant à la protection de l'environnement, du libre accès aux plages ou de la sauvegarde des sites archéologiques mais réel pour satisfaire les désirs de tranquillité des estivants de marque.
La spéculation foncière et immobilière s'abat sur la Sardaigne comme elle s'installe en Corse, avec, dans cette dernière, un contexte politique qui en ralentit le rythme et conduit à la crise grave que connaît la Corse aujourd'hui.
La préservation des rivages est due au réveil de la conscience nationale des Corses. La création d'un Conseil des Rivages a

poursuivi cette volonté collective de ne pas voir la Corse devenir les Baléares ou la Côte d'Azur.
Pourtant certains parlent de nouveau, en cet été 1998, de « déverrouiller les rivages ». En dehors de la laideur de l'expression, le temps de la spéculation reviendrait-il, dans un « Etat de droit » retrouvé, qui est aussi l'autre formulation de la paix civile, sans laquelle le développement, pour les uns, les « affaires », pour les autres, ne peuvent reprendre ? Comme au bon vieux temps des colonies, dirait Sardou ?

Un impact économique relatif

L'impact économique du tourisme, en Sardaigne, est mal connu quantitativement.
Une extrapolation donne les indications suivantes : en 1981, le revenu brut, pour douze millions de nuitées, était estimé à 150 milliards de lires soit 1,5 milliard de francs. En tenant compte du doublement des nuitées, de l'inflation et de la dévaluation, on peut avancer un chiffre de 3,5 milliards de francs équivalent à celui de la Corse mais beaucoup plus faible lorsqu'il est comparé au revenu global de la Sardaigne.
Pour la province de Sassari, la Chambre de commerce estime que l'apport économique du tourisme se monte à deux milliards de francs (1986).

Un effet multiplicateur limité

Les analystes sardes estiment que l'effet multiplicateur du tourisme est limité en termes d'emploi, environ 15 000 aux deux tiers saisonniers, ou de production agro-alimentaire. Ils insistent tous sur ses coûts pour l'environnement, en soulignant, comme les Corses, ses effets négatifs dans divers domaines : bétonisation, infrastructures et équipements surdimensionnés,

mitage et privatisation du littoral. Ils remarquent que, seul, le commerce est bénéficiaire du tourisme qui ne stimule, par contre, pas la production insulaire. Ils soulignent la perte d'identité qu'il provoque et craignent une élévation du coût global du tourisme pour la communauté insulaire.
Ces craintes des analystes sardes donnent la mesure du danger d'une extension démesurée du tourisme en Corse où la pression touristique est huit fois supérieure à celle existant en Sardaigne, dans une île trois fois moins grande et six fois moins peuplée, où le secteur productif local ne peut être qu'étouffé par une croissance touristique demandant des produits de masse, standardisés, nécessairement importés, et qu'il ne peut fournir.

Des politiques de limitation du développement touristique sont définies aux Baléares, aux Canaries et à Chypre

L'exemple des Baléares, où on commence à démolir des hôtels, indique la direction à ne pas suivre. Pere Salvà, professeur à l'université des îles Baléares, s'indigne : « *La colonisation atteint des sommets. Dans la région de Tramuntana, les terrains aux mains d'étrangers représentent 30% du territoire. Ces résidents sont au nombre de quatre- vingt mille et ont une mentalité urbaine qui les pousse à barrer des chemins vicinaux traditionnels ou à clôturer leurs fermes. La colonisation ne s'arrêtera que si nous, les Majorquins, conservons le contrôle social du territoire. Sans notre identité, nous sommes perdus* ».
Les autorités des Baléares sont venues, en Corse, en décembre 1994, dire que leur expérience était fortement négative et s'inspirer d'une situation corse qui leur paraît, à ce jour, moins compromise que la leur. Et pourtant, dit-on, les Mallorcains auraient créé une meilleure synergie qu'en Corse, entre la consommation alimentaire touristique et la production agricole insulaire.

Aux Canaries, à Lanzarote, pour assurer un développement durable, on freine la construction hôtelière.
Le Cabildo, la plus haute institution insulaire des Canaries, vient d'adopter un moratoire ramenant de 100 000 à 8 800 le nombre de lits à créer dans les dix prochaines années. L'exposé des motifs souligne que « *la présence de centaines de milliers de personnes de passage - en haute saison, deux cent mille en même temps - a provoqué une crise d'identité culturelle chez les habitants, des déséquilibres de peuplement, des dégâts écologiques irréversibles, et même l'émergence d'un sentiment xénophobe* ».
A Chypre, avec deux millions de touristes par an et 20% de l'activité de l'île, comme en Corse, « *les autorités ont toutefois conscience que le plafond en ce domaine n'est pas loin d'être atteint* », rapporte S. Gherardi du journal *le Monde*.

Du retard de développement au mal- développement

Le retard de développement de certaines régions ou pays, couplé à l'attractivité que représentent des espaces vierges, conduit à l'expansion du tourisme qui, en raison du caractère saisonnier et peu créateur de valeur ajoutée qu'il induit, conforte le mal-développement ou le sous-développement que l'on était censé combattre. Cercle vicieux supplémentaire ?

Un système de privatisation des profits et de socialisation des charges et des pertes

De l'avis de beaucoup, l'économie touristique ne peut se contenter d'être un système de privatisation des profits et de socialisation des pertes. Les coûts sont à la charge des collectivités, les recettes vont entre des mains marchandes.
La question de fond que pose le tourisme, sur le plan

économique, est celui de la contradiction qu'il y a entre enrichissement individuel et appauvrissement collectif. La Corse et la Sardaigne sont particulièrement confrontées à ce problème.

Le commerce extérieur des deux îles

Des taux de couverture très différents

De 33%, en 1977, le taux de couverture des importations par les exportations, en Corse, est de 13,8 %, en 1992, atteignant un seuil critique que l'on ne retrouve que dans les DOM français : il est de 24% à la Martinique, de 12% à la Réunion et en Guadeloupe.
Il est de 26% aux Canaries, de 60% à Madère, de 49% aux Açores et de 33% aux Baléares.
Il est par contre de 69% en Sardaigne, en 1982. De 37%, en 1971, il a atteint 82%, en 1981. Il s'est stabilisé autour de 45-50%, depuis les années quatre-vingt.
Le taux de couverture, en Corse, régresse sur la longue période, tandis que celui de la Sardaigne progresse, pour ensuite se stabiliser à un niveau médian.
En Sardaigne, les variations considérables des exportations plus importantes que celles des importations expliquent ces mouvements en accordéon qu'induisent les changements de la conjoncture internationale.
Le poids des importations, conséquence de l'activité touristique, en Corse, et du développement industriel, en Sardaigne, risque de perpétuer et d'accentuer, en Corse, la faiblesse du taux de

couverture et donne la mesure de la dépendance des deux îles. Elle est incroyablement plus grande en Corse.

Taux de couverture (exportations / importations)

	1971	1981	1987	1988	1989	1992
Corse	33	26	12	12	13	14
Sardaigne	37	82	47	53	47	49

Le volume des exportations sardes, par habitant, est vingt fois supérieur à celui de la Corse, celui des importations, quatre fois.

La Sardaigne importe un volume de marchandises vingt-cinq fois plus élevé que celui de la Corse.
Compte tenu de sa population, la Sardaigne importe environ quatre fois plus de marchandises, par habitant, que la Corse.
Pour les exportations, le volume de marchandises exportées par la Sardaigne est égal à cent trente fois celui de la Corse, soit par habitant, vingt fois supérieur.
La présence d'une industrie lourde en Sardaigne est la raison majeure de cet écart. Les produits pétroliers représentent en effet plus de la moitié des tonnages importés et exportés.
La Sardaigne a un commerce extérieur plus ouvert sur l'économie internationale, ce qui explique, aussi, la crise qu'elle traverse.
Le poids du commerce extérieur, mesuré par l'addition des importations et des exportations que divise le PIB, est de 0,2 pour la Corse et de 3,8 pour la Sardaigne, marquant une différence considérable entre les deux îles.

En Corse, une balance commerciale fortement déficitaire

L'évolution, en volume, des échanges de marchandises entre la Corse et l'extérieur, fait apparaître depuis 1988, un déficit supérieur à un million de tonnes.
En dépit de différences parfois sensibles d'une année sur l'autre, la balance commerciale se détériore régulièrement depuis 1978.
Une légère amélioration relative intervient depuis 1987. Le volume des importations et des exportations croît respectivement de 18% et de 33%, ce qui améliore de deux points le taux de couverture.
La part du commerce avec l'étranger reste assez stable dans les deux sens. En 1992, cette part atteint cinquante neuf mille tonnes, soit 4% du trafic total et reflète la concentration des échanges avec le continent français, le caractère peu diversifié du commerce extérieur corse et partant le poids des facteurs non économiques dans cette situation. L'économie corse est captive.
Alors que le volume des importations a crû entre 1978 et 1989 de 30%, les exportations chutent de 23%. Le taux de couverture passe de 25 à 12,7%. Les indicateurs sont dangereusement négatifs malgré une légère amélioration, ces deux dernières années, due, probablement plus au ralentissement de la consommation interne et donc des importations qu'à un dynamisme des exportations corses.
La structure du commerce extérieur est le reflet de l'économie de l'île. En 1991, avec plus de 34% des importations, les produits pétroliers représentent le premier tonnage transporté et donnent la mesure de la dépendance énergétique actuelle de l'île. Viennent ensuite, deux cent quatre-vingt-dix mille tonnes de produits agricoles et de denrées alimentaires, un volume supérieur à celui des matériaux de construction.

L'évolution des importations, depuis 1966, donne, en creux, la mesure de l'effondrement des productions locales et partant de l'inadéquation des politiques suivies. Est-ce dû à la force des choses, à une absence de volonté ou à des stratégies assumées ?

Le commerce corse, en volume : importations et exportations
(en milliers de tonnes, 1991)

	importations	exportations
produits agricoles	77,3	66,7
dont bois, liège	0	20,1
clémentines	0	15,9
salades	0	6,7
denrées alimentaires	212,5	27,9
dont vin	0	25,3
produits pétroliers	445,9	22,8
matériaux de construction	268,3	3,8
produits manufacturés	254,8	50,1
TOTAL	1314,3	179,9

Source: douane

Les importations de lait ont décuplé en quinze ans, celles de viande, quadruplé, celles de légumes, triplé et celles de fruit ont doublé :

Importations alimentaires, en Corse, depuis 1966

	1966	1970	1975	1981
lait	1350	2310	11680	14 950
viande	4450	5950	10700	15 360
légumes	3950	3590	7200	12 210
fruits	5500	6990	7220	13 700

Source: douane (tonnes)

En Corse, des exportations agricoles concentrées sur quelques produits

Leur évolution depuis trente ans est la suivante : les agrumes se développent considérablement décuplant de 1970 à 1991 avec un pic de vingt cinq mille tonnes en 1980. La concurrence espagnole et nord-africaine a mis un sérieux frein à ce marché prometteur.
L'évolution de la production de vin reflète les politiques erratiques menées aux niveaux national et communautaire.
La production de fromage s'effondre. Les troupeaux ont été décapités dans la plaine orientale pour faire la place aux viticulteurs rapatriés d'Algérie.

Exportations alimentaires depuis 1966

	1966	1970	1975	1980	1991
agrumes	40	1700	7740	24 680	15 914
vin	32 500	115 180	167 490	157 080	25 300
fromage	2 100	1 320	1 050	620	266

En 1991, les exportations se présentent comme suit :

Exportations 1991

	Sorties (Fr.)*	Exportations(étr)*	Total
agrumes	13 280	2 634	15 914
kiwis	8 201	6 992	15 193
salades	6 245	0	6 245
bois,liège	2 956	17 181	20 137
vin	2 4368	932	25 300
fromage	266	0	266
pierre	3 789	41	3 830

* (En tonnes) - La douane fait une distinction entre sorties vers le continent français et exportations vers l'étranger.

La part des échanges avec l'étranger s'accroît régulièrement mais reste très marginale. Elle est de 4% du trafic total. Pour les exportations vers l'étranger, le bois et le liège vont en Sardaigne tandis que les clémentines et le vin sont absorbés par le marché français. Les kiwis sont exportés, pour moitié. Il n'y a aucune exportation de fromage. Comment pourrait-il en être autrement dans un monde pasteurisé qui exclut les produits qu'on appelle identitaires ?

Les normes CEE veillent sur la non-conformité des objets. Est-ce l'annonce d'un monde totalitaire ou tout ce qui ne serait pas aux normes y compris l'existence de certaines catégories d'hommes, serait prohibée ? Dans un domaine voisin, Sergio Salvi parle de « *nazione proibiti et de lingue tagliate* ».

En Corse, le déficit commercial se creuse dangereusement

En 1981, le déficit commercial s'est élevé à 6,3 milliards de francs. En 1992, on l'estime à 8,4 milliards.

En 1981, le commerce extérieur se décomposait en 7,2 milliards d'importations (4% en provenance de l'étranger) et 0,8 milliards d'exportations (9% vers l'étranger).

Les principaux postes d'importations sont les produits pétroliers (1 milliard), les voitures (350 millions), la viande (200 millions), les produits laitiers (150 millions), le poisson (19 millions) et les matériaux de construction (337 millions).

Evolution du déficit commercial 1981-1992

(en millions de tonnes et millions de francs)

	importations		exportations		déficit	
	1981	1992	1981	1992	1981	1992
quantités	1120	1315	288	181	832	1134
valeurs	7126	9200*	804	750*	6322	8450*

* estimation tenant compte d'un taux moyen d'inflation d'environ 4 %

Le déficit, en valeur, de la balance commerciale se creuse par la conjugaison de la hausse des importations et de la baisse des exportations, situation à tous égards très préoccupante. La perte de 12 points dans le taux de couverture, de 26 à 14% entre 1981 et 1992, est une indication de cette dégradation.

Dans une approche "balance des paiements", le tourisme comptabilisé en équivalent/exportation, réduit le déficit d'un tiers mais il augmente les importations de la moitié de son apport à l'île.

Le solde global du commerce extérieur agricole corse, fortement négatif, reflète la faiblesse de l'économie insulaire, l'accent démesuré mis sur un développement favorisant la consommation et négligeant la production qu'une politique de plus en plus axée sur le tourisme ne peut qu'aggraver.

La puissance des monopoles commerciaux, de fait, pour le ciment, le pétrole et la grande distribution, ou de droit, dans les transports, et les effets pervers de la continuité territoriale, font de la Corse une île captive à la dépendance toujours accrue.

Celle-ci est probablement insurmontable, dans l'état actuel de la législation, des pratiques commerciales, des mentalités et des politiques publiques menées.

En Sardaigne, un commerce extérieur déficitaire mais relativement diversifié

Le commerce extérieur sarde reflète l'intégration de l'économie insulaire à l'économie internationale. Il est relativement diversifié. Les comptes extérieurs de 1992 et 1991 en sont une illustration. La dévaluation de la lire couplée avec un ralentissement de l'économie explique les évolutions notables existant en 1992 et 1991.

Commerce extérieur de la Sardaigne 1991-1992
(mille millions de lires courantes)

	1991	1992
import	2948	2614
export	1338	1386
solde	- 1 609	-1227

La réduction sensible des importations de 11%, et la légère reprise, en valeur, des exportations sont le résultat conjugué du ralentissement de l'activité de l'industrie chimique nationale et des premiers effets de la dévaluation de la lire. La sensibilité du commerce extérieur est un indicateur de l'intégration de l'économie sarde et de son caractère productif.

Secteur agro-alimentaire
(mille millions de lires courantes)

1991			1992		
import	export	solde	import	export	solde
162	7	-154	140	12	-122 (1)
84	80	-4	74	69	-5 (2)
246	87	158	214	81	-127 (3)

(1) produits agricoles (2) produits alimentaires (3) total

On note la réduction du déficit agro-alimentaire surtout agricole.

Un commerce extérieur diversifié

La destination des exportations sardes est orientée, pour moitié, vers la CEE (600 milliards de lires) et pour un quart vers l'Afrique du Nord (250 milliards de lires).
Les échanges avec les USA (115 milliards de lires), l'AELE

(100 milliards de lires), le Japon (3 milliards de lires), l'Europe centrale (95 milliards de lires) sont notables.
La province de Cagliari regroupe 75% des exportations, le Nuoro 5%, l'Oristano 2%, Sassari, 2%. L'ensemble des exportations représente en 1992 mille quatre cents milliards de lires.
De 1960 à 1970, lors du premier plan de renaissance, le volume des échanges décuple. La progression des importations est sensible tandis que celle des exportations est plus mesurée, ce que certains, en Sardaigne, analysent comme un accroissement de la dépendance vis-à-vis de l'extérieur.
Les importations de denrées alimentaires, dans la période considérée ont doublé. Les exportations agricoles, quant à elles, diminuent de moitié, tandis que celles de produits alimentaires augmentent de 80%. L'exportation de papier est multipliée par deux.

Les deux îles ont une dépendance forte vis-à-vis de l'extérieur et des marges d'autonomie faibles

Les deux îles ont en commun une balance du commerce extérieur déficitaire mais la comparaison s'arrête là.
Les exportations sardes, relativement diversifiées, reflètent une économie de production où la transformation et partant la valeur ajoutée est réelle. Les exportations corses, très concentrées, sont, elles, le miroir d'une économie extravertie dans laquelle deux ou trois produits agricoles forment le gros des exportations tandis que les cultures vivrières ont été systématiquement abandonnées dans un schéma de type colonial.
Les importations sardes et corses présentent un certain nombre de points communs : importance des produits manufacturés, explosion des importations, en été, pour satisfaire la consommation des touristes.

En revanche, les importations sardes sont constituées aussi de produits bruts transformés en Sardaigne, signant la différence sarde.
Il en résulte que l'intégration à l'économie internationale est plus forte en Sardaigne qu'en Corse, tandis que la dépendance vis-à-vis de l'extérieur est plus nette en Corse qu'en Sardaigne.
Malgré ces différences, les marges d'autonomie sont faibles dans les deux îles.

La Corse exporte vers la Sardaigne des produits primaires à faible valeur ajoutée

Le trafic par Pruprianu représente, pour 1992, 18% et pour 1993, 30% du flux de marchandises vers la Sardaigne. Le reste, soit 70%, transite par Bunifaziu. Il n'y a eu presque aucun trafic avec la Sardaigne par Porti-Vechju.

Exportations de bois
(tonnes)

	1990	1991	1992 *	1993
groupage de bois	0	0	223	9511
bois en grume	4111	5265	4620	240
bois équarris	475	0	10	0
bois de chauffage	923	6297	11332	3761
liège brut	1392	1985	1902	1125
Total	6901	13547	18094	15130

* Le port de Pruprianu partage pour la première fois avec Bunifaziu le trafic avec la Sardaigne.

L'exportation de produits de la mer se développe de façon inégale

Le poisson corse est prisé en Sardaigne et la part de l'aquaculture devient importante dans les exportations. Les anguilles sont un plat de fête en Italie méridionale.

Exportations de produits de la mer
(en tonnes)

	1990	1991	1992	1993
poissons, crustacés	168	771	237	304
anguilles	72	60	40	nd
coquillages	0	0	4	16
langoustes	3,5	2	0,6	nd
poissons d'eau douce	nd	nd	7	nd

On observe, en conclusion, la modicité des quantités ainsi qu'une évolution dans la nature des produits exportés : le maïs semble stable, les légumes et les fruits frais prennent le relais des clémentines tandis que semble se profiler un marché pour les eaux naturelles.
L'exportation de viande pourrait se développer si la production et l'organisation des marchés progressaient en Corse.
Malgré la similitude des produits agricoles des deux îles sur le plan agricole, des créneaux existent même s'ils sont modestes.
La proximité des goûts alimentaires peut aider à constituer des débouchés réciproques pour la Corse et la Sardaigne : huile, lait, eaux, fruits, poissons, viande, charcuterie, fromage, miel, céréales, légumes, buttarga...

Des produits transformés en provenance de Sardaigne vers la Corse

Le liège et le bois reviennent de Sardaigne, travaillés. Le lait et les ovins semblent se créer un marché.
Les produits en provenance de Sardaigne sont principalement des produits transformés du secteur secondaire : liège travaillé, tuiles, carrelages, ciment, pierre de taille, agglomérés, briques, papier et carton, corail travaillé, meubles, tubes et tuyaux, mais

aussi des produits laitiers et des ovins. Il faut mentionner les problèmes de réexpédition existant dans les deux sens.
En 1990, on observe une sortie de bovins vers la Sardaigne mais ce sont des bêtes continentales transitant par la Corse. Les bovins corses ne peuvent être exportés car il n 'y avait pas, en Corse, jusqu'à l'année dernière (1997) d'abattoirs aux normes CEE. Il aura fallu vingt ans de luttes aux organisations professionnelles agricoles pour voir enfin, en 1997, sortir de terre un établissement moderne et aux normes européennes depuis la fermeture des abattoirs d'Ajaccio en 1976 !!! En l'absence de cette structure, la viande était découpée sur le continent, même pour la vente en Corse.
On note aussi l'exportation de voitures Renault, par le port de Pruprianu. Dans l'autre sens, les produits du continent italien entrent plutôt par Bastia que par la Sardaigne.

Des échanges de voyageurs en progression : le trafic a doublé en dix ans

De cent mille, en 1983, le trafic est passé à plus de deux cent mille, en 1990, pour atteindre deux cent soixante mille, en 1992. Après une décrue, de 1993 à 1996, il est reparti à la hausse depuis 1997. En 1998, fin août, le flux de passagers a progressé de 18%.
Cette augmentation du flux des passagers, entre la Corse et la Sardaigne, est aussi la résultante de politiques tarifaires des transporteurs maritimes qui favorisent le transit par la Corse (Bastia), pour les Italiens et les Européens du Nord et celle-ci bénéficie principalement à la Sardaigne. La côte orientale de la Corse devient une zone de transit. En 1998, le phénomène s'est amplifié.
Cela présente des inconvénients majeurs. L'intérêt des transporteurs ne doit pas l'emporter sur ceux de l'île et de ses habitants. Le tourisme est un énorme marché pour les grands

transporteurs aériens et maritimes. Ceux-ci sont à l'origine d'un discours sur le tourisme qui favorise d'abord leurs intérêts au détriment de beaucoup d'autres.

Sardegna, di Manlio Brigaglia, Edizioni Della Torre, Gagliari.

L'économie sarde

Une économie diversifiée mais en voie de tertiarisation

En 1951, le revenu net interne s'élève à 184 096 millions de lires de l'époque. Le revenu par tête est de 144 273 lires, inférieur de 21% au revenu par tête national et supérieur de 18% à celui du Mezzogiorno.
L'économie sarde est déjà fortement tertiarisée : 40,4% du revenu intérieur provient du tertiaire, administrations incluses, 31,2% de l'agriculture et 24,6% de l'industrie. En 1979, le revenu net interne s'élève à 5 444 300 millions de lires et le revenu par tête, à 3356 300 lires. L'écart par rapport à la moyenne nationale reste sensiblement le même tandis que l'écart avec le Mezzogiorno diminue au détriment de la Sardaigne. On distinguera, pour l'analyse, trois phases : 1950-1960, 1960-1970 et 1970 à aujourd'hui.

Une puissante dynamique agricole ou la phase préindustrielle : les années 1950-1960

La première phase se caractérise par une forte dynamique agricole et une crise de l'industrie traditionnelle, surtout du secteur minier.

Le revenu régional croît au taux moyen annuel de 3,9% à comparer aux 4,5% du Mezzogiorno et aux 6,3% du Centre-Nord.
Le fort taux d'augmentation de la population fait qu'en Sardaigne, le revenu par tête n'est multiplié que par 2,67. La part du revenu régional dans le revenu national diminue de 2,1% en 1951 à 1,9% en 1963.

L'industrie est le moteur de la croissance : les années 1960-1970

La deuxième phase, dite "années de la Renaissance" et période d'industrialisation sauvage, voit le produit régional croître (5,7%) plus vite que le produit national (4,3%) et le produit du Mezzogiorno (4,8%). L'industrie est le moteur de la croissance tandis que l'agriculture stagne.
La réduction de l'accroissement de la population conduit à une augmentation sensible du revenu par tête : 5,7% contre 5,2% dans le Midi et 4,3% au plan national. L'écart entre le revenu par tête régional et national reste sensiblement le même, autour de 77%.
Le rapport entre les importations nettes et les ressources disponibles mesurant le degré d'intégration ou de dépendance de l'économie insulaire vis-à-vis de l'extérieur passe de 17,2%, en 1954, à 23,2%, en 1971. Le ratio investissement brut / revenu brut croît de 21%, en 1954, à 31,4%, en 1971.
Le rapport entre la consommation et les ressources disponibles baisse, de 79%, en 1954, à 68,1% en 1971, en raison d'une accélération de l'accumulation du capital.
La valeur ajoutée dans l'agriculture diminue de 31%, en 1950 à 15%, en 1970. Dans l'industrie, elle augmente de 24% à 30%, dans la même période.

Valeur ajoutée
(coût des facteurs)

	1950	1970
agriculture	31,2%	15,6%
industrie	24,6%	30,2%

L'ensemble de ces données place la Sardaigne devant le Mezzogiorno.

La montée des crises, de 1970 à aujourd'hui

La troisième phase, appelée "phase programmée" est caractérisée par un ralentissement du taux de croissance contrastant avec le dynamisme de la période précédente.
Le rythme des investissements décroît plus vite que celui des revenus et de la consommation, en raison de l'expansion du tertiaire, moins sensible aux crises de production.
Les mécanismes stabilisateurs de type institutionnel, comme le système d'assurance chômage, contribuent à freiner la chute des revenus et de la consommation.
La valeur ajoutée par habitant s'est détériorée comparée à celle du continent.
La crise industrielle, la modernisation insuffisante de l'agriculture et un secteur tertiaire pléthorique ne permettent pas de gain de productivité.
La consommation finale est plus importante par rapport au PIB que sur le continent : 86% contre 79%. C'est une indication de l'importance des transferts de l'extérieur, publics ou privés.

Le poids de l'émigration et l'évolution du marché du travail

L'émigration est la donnée fondamentale et structurelle permettant d'appréhender les problèmes de la main d'œuvre dans l'île : elle a une fonction régulatrice et peut, en partie, occulter une approche exacte du problème du chômage. On distingue chronologiquement trois périodes dans l'évolution du marché du travail.

La première, qui s'étend de 1951 à 1961, est caractérisée par un important exode agricole et une émigration sensible. La deuxième, de 1961 à 1971, est celle de la montée en puissance de l'emploi industriel. La troisième, de 1971 à nos jours, marque la tertiarisation de l'économie.

En 1951, le recensement indique que la population active est de 452 000 personnes sur une population totale de 1 276 000. Avec un taux d'activité de 33,2%, la structure des actifs est fortement orientée vers l'agriculture qui totalise 50% de l'emploi. Ceux-ci sont essentiellement masculins (86,6%).

Exode agricole, émigration, urbanisation et début de tertiarisation de l'emploi constituent les données du marché du travail insulaire à cette époque.

De 1951 à 1961, les emplois agricoles diminuent de 54 000. L'agriculture n'absorbe plus que 40% de l'emploi total. L'exode rural touche les hommes d'âge moyen attirés par le boum de la construction lié à l'urbanisation. Le vieillissement de la population, la féminisation des zones rurales et les déséquilibres territoriaux s'accentuent.

La progression de l'emploi dans l'industrie (26 000) et les autres secteurs (17 000), absorbe, pour une part, les travailleurs agricoles, mais c'est l'émigration qui constitue le régulateur du marché du travail.

Celle-ci a changé dans sa composition et sa destination. Elle est devenue temporaire. Elle n'est plus familiale et est axée sur l'Europe du Nord et non sur l'Amérique, comme au début du

siècle. La flexibilité et la segmentation du marché du travail deviennent la règle.
De 1961 à 1971, on assiste à la naissance d'un marché du travail industriel d'un nouveau type, conséquence de l'industrialisation forcée des années soixante. Une classe ouvrière est en train d'émerger dont le poids économique et social ira grandissant. Une modification sectorielle de l'emploi et une réduction du taux d'activité interviennent. Entre 1961 et 1971, l'agriculture voit sa part diminuer de 40% à 26,3%, l'industrie, la sienne, augmenter de 25,5% à 32,1%.

Des difficultés pour créer des emplois durables

Dans cette période le rapport investissement/création d'emplois est très défavorable. L'industrie est incapable d'absorber la main d'œuvre rendue disponible par l'exode rural qui s'élève, à cette époque, à 71 000. L'emploi a crû de 27 000, dans l'industrie, et de 23 000, dans le tertiaire.
Une explication de cet échec relatif dans la création d'emplois durables, réside dans le fait que les emplois sont induits par le bâtiment dans la phase d'implantation des usines et qu'ils disparaissent une fois celles-ci construites.
Des raisons plus générales existent tenant au type d'industrialisation, peu en phase avec l'île, et s'appuyant sur un modèle trop orienté vers l'exportation, provoquant une trop grande dépendance des marchés internationaux.
De façon plus générale, l'urbanisation et l'industrialisation imposées de l'extérieur ont accéléré les déséquilibres humains et territoriaux.

La progression des emplois précaires

De 1971 à aujourd'hui, la tertiarisation de l'économie va de pair avec une progression des emplois précaires et de la sous-occupation. Ils sont estimés à cinquante mille.
L'emploi public compte pour une bonne part dans la tertiarisation de l'économie, et est lié à l'importance de la dépense publique dans le développement insulaire. Dans l'agriculture, les pensions d'invalidité et de vieillesse augmentent.

Un taux de chômage fort et persistant

Dans l'industrie, les chômeurs inscrits s'élèvent à environ vingt mille personnes, en 1981. Le chômage des jeunes et des femmes, qui ne trouvent pas leur place dans le tertiaire, grandit. La substitution d'emplois l'emporte sur la création d'emplois. De 1971 à 1981, les femmes à la recherche d'un emploi sont passées de 11 000 à 43 000. En 1980, sur les cent mille chômeurs officiels, environ 60% ont moins de 25 ans.
Les difficultés observées en matière d'emploi, l'importance du chômage (20%), sont les signes tangibles de l'inadéquation des politiques de développement menées en Sardaigne.

Les évolutions récentes

En 1990, le taux de chômage, en Sardaigne, est de 18,9%. Il est de 20,8% dans la province de Sassari à comparer aux 10,2% de l'Italie continentale.
Ce taux est moins élevé dans le Nuoro (17,1%) plus rural, où la population est extrêmement clairsemée en raison d'un siècle

d'émigration. Les zones les plus industrialisées sont aussi les régions où le taux de chômage est le plus fort.

L'agriculture et l'élevage sont la matrice historique de la société insulaire

L'agriculture sarde, matrice historique de la société insulaire, est entrée, depuis une trentaine d'années, dans une phase de transformation fondamentale. C'est aussi la montée des crises.
Le poids du monde agro-pastoral sur la société et l'économie insulaire est l'élément clé de la compréhension de l'histoire économique, sociale et politique de l'île.

Dans les années 1950-1960, l'agriculture et l'élevage sont les piliers de l'économie

A cette époque, les piliers de l'économie insulaire sont l'agriculture, l'élevage et les mines.
En 1951, 36% de la valeur ajoutée régionale provient du secteur agro-pastoral, 17% des mines. L'agriculture occupe 50% des emplois. 1 740 700 hectares sont cultivés. Le froment est la culture majeure avec 1 673 millions de quintaux. La vigne et l'olivier sont les cultures de spécialisation les plus importantes.
Les techniques productives sont de type extensif. La propriété est très fractionnée. Le caractère accidenté des terrains, le manque d'eau et l'insuffisance d'infrastructures contribuent aux faibles rendements des spéculations. Grâce à l'utilisation de fertilisants, la production commercialisée augmente de 5,5% par an, de 1952 à 1962.
A la fin des années soixante, on va entrer dans un cycle de réduction de l'apport de l'agriculture au produit global régional et à un exode rural accentué. L'intervention de la puissance publique a été déterminante, durant ces années, que cela soit au

niveau régional ou étatique ou dans le cadre du "*Plan de Renaissance*".
L'importance des moyens financiers mis en œuvre n'a pas empêché la baisse du taux de croissance du secteur agricole qui s'est modernisé. L'insuffisance de réformes structurelles en est, semble-t-il, la cause.

Le déclin agricole des années 1960-1970

Les deux recensements agricoles de 1961 et 1970 permettent de constater un certain nombre d'évolutions : la diminution de la superficie cultivée est de 64 000 hectares, soit 3% de la surface totale. 9 224 entreprises agricoles disparaissent.
L'abandon cultural a été en fait plus important. Il a été estimé à deux cent mille hectares et représente 11% des surfaces cultivées. Ce sont les cultures céréalières qui ont subi la plus grande diminution (107 000 ha). Les pâturages et les prés permanents ont régressé de 154 000 hectares, les cultures fourragères ont, en revanche, augmenté de 33 000 hectares.
La disparition des exploitations, couplée à une concentration des superficies agricoles, a surtout touché celles dont la dimension est inférieure à cinquante hectares.
L'élevage subit les mêmes tendances. La concentration de type capitalistique et la disparition des formes d'agriculture traditionnelle constituent le paysage contrasté d'une activité globalement en crise. La transformation des formes juridiques de l'exploitation de la terre (métayage) est une des causes des évolutions retracées plus haut.
Les spéculations nouvelles telles que les pommes de terre, les légumes, les agrumes, les bovins et les porcs, progressent tandis que les spéculations traditionnelles comme les céréales, les légumes secs, l'huile d'olive, les ovins et la viticulture régressent.
La production de blé a baissé de 20% et les superficies cultivées

diminuent de 44%. L'augmentation des rendements à l'hectare explique la moindre réduction de la production.
Grâce à une élévation des rendements, certaines cultures, par contre, se développent, telles que celles de l'artichaut, de la pomme de terre (+23,3%), de la betterave sucrière et du vin qui croît de 15,2%.

Les transformations structurelles des années 1971-1980

Cette décennie est au centre d'importantes transformations structurelles tandis que la crise de ce secteur se poursuit et que son apport au produit régional diminue de 14% à 9%.
Les produits de l'élevage croissent. En 1980, la viande, le lait et les œufs constituent plus de la moitié du produit intérieur.

Produits alimentaires, 1980

	Milliards de lires
viandes	266
lait et œufs	166
total	432

En 1981, le renforcement des capacités productives de l'agriculture et le manque de débouchés, ailleurs, ont conduit à une stabilisation de l'exode rural.

La question pastorale

En 1980, l'élevage ovin contribue pour environ 30% à la formation du produit intérieur brut agricole.
28 000 personnes y travaillent sur un total de 85 000 occupées dans l'agriculture. Cela représente 5% des 480 000 emplois de

l'économie sarde et 45% du lait de brebis produit en Italie. Le pastoralisme est considéré comme la matrice d'une forme de civilisation propre à la Sardaigne. Le système de valeurs de ce monde est un point de référence pour le peuple sarde.

Production de fromage de brebis

Années	Q.LI
1976	222 000
1977	250 000
1978	267 000
1979	236 000
1980	269 000

Le fromage (fiore sardo et pecorino romano) est, pour la majeure partie, exporté en Italie et en Amérique du Nord. Mais la concurrence argentine commence à mettre en danger l'implantation des fromages sardes sur le marché américain.

L'évolution des troupeaux de 1950 à 1980

Le nombre d'équidés est en baisse de 60% passant de 83 000 à 34 000 têtes. La mécanisation des techniques culturales en est la cause essentielle.

Les caprins enregistrent, eux aussi, une réduction de 45% déclinant de 501 000 à 281 000 têtes. Cela est dû à la valorisation manquée du lait sur le plan technique et commercial et à l'insuffisance de main d'œuvre qualifiée.

Les porcs croissent de 131 500 à 279 000 têtes, ce, malgré l'extension d'une grave maladie, la peste porcine africaine qui menace l'élevage extensif et semi-extensif.

Les ovins augmentent de 2 488 000 à 3 020 000 têtes, en 1980. L'émigration de bergers sardes, avec leurs troupeaux, en Italie centrale, ne l'a pas freinée. En 1985, on estime le nombre d'ovins à 3 880 100 têtes.

Les bovins augmentent de 208 000 à 320 000 têtes avec une croissance de 144% pour les vaches en âge de production.

La production laitière croit, de 1950 à 1980, de 117%, passant de 2,15 millions à 4,66 millions de quintaux, tandis que la hausse, sur le plan national, n'est que de 70%.

Cette augmentation est due, pour l'essentiel, à l'introduction de la race bovine "*frisonne italienne*", à la mécanisation des fermes, l'utilisation d'aliments concentrés et l'amélioration des techniques de conservation fourragère. La production de viande croît de 82% mais est moindre que celle enregistrée au plan national, estimée à 212%. Le faible poids des bêtes à l'abattage l'explique.

Les tentatives de réforme structurelles : un plan organique, il Monte dei Pascoli

Celui-ci préconise "*de substituer, à l'élevage nomade traditionnel, un élevage stabulatoire pratiqué dans des exploitations aux dimensions économiques suffisantes pour assurer à l'éleveur, un revenu comparable à celui des autres catégories de travailleurs*".

Il s'agit, en fait, d'opérer une profonde transformation de l'élevage, de le rendre plus rationnel, du point de vue économique, de le dégager des aléas saisonniers, tout en tenant compte de la vocation naturelle de l'île dans ce domaine.

Après une analyse approfondie, la thèse, selon laquelle le nombre de têtes de bétail est excessif par rapport aux ressources nourricières de l'île, est récusée. Une carence alimentaire se manifeste, à une certaine époque de l'année, compensée par une surabondance, à d'autres. Il ne faut donc pas procéder à une réduction quantitative du cheptel.

C'est en fait le régime de la propriété qui fait obstacle à

l'amélioration qualitative de l'élevage. 40% des pâturages appartiennent aux bergers, le reste est loué. La précarité de ces locations et le morcellement de la propriété conduisent au semi-nomadisme très défavorable à une exploitation stable.
Le Plan préconise des mesures aidant l'accès des bergers aux pâturages en créant un fonds de rotation, un «*Monte dei pascoli*» constitué de terres acquises ou expropriées (350 0000 ha), avec la participation des communes.
Ces terres sont destinées à la production de fourrage à stocker, à la rationalisation des pratiques pastorales nomades ou à la constitution de nouvelles exploitations. Ces mesures ne sont appliquées que très marginalement car la volonté politique fait défaut.
L'évolution des marchés est favorable aux produits fromagers et à l'amélioration du revenu des bergers. Mais la hausse anormale du prix du foncier pénalise les bergers les plus pauvres. Le prix du lait payé à l'éleveur n'a pas bougé, depuis dix ans.
« La politique agricole commune nous a condamnés au désert et les Anglais préfèrent la viande coriace d'un mouton néo-zélandais à la chair tendre de nos agneaux sardes », s'indigne le Movimento Pastori Sardi. C'est, pour certains, la justification que l'institut du «*Monte dei pascoli*» a toujours sa raison d'être.

Dans les autres secteurs de l 'agriculture, des évolutions contrastées

Le blé dur représente historiquement la céréale centrale de la Sardaigne. Il est cultivé sur des terrains non irrigués parfois peu fertiles et subit la concurrence des éleveurs qui veulent s'emparer des terres. Les terres cultivées diminuent de 145%, entre 1957 et 1976, passant de 220 000 ha à 89 000 ha.
La stabilité du prix du blé, autour de dix mille lires le quintal, depuis 1952, la dispersion de la propriété foncière, interdisant la

modernisation des exploitations et des techniques rurales, conduit à la régression de cette culture.

Parallèlement, les céréales - avoine, orge, et maïs hybrides - entrant dans l'alimentation du bétail, sont en expansion. C'est la confirmation de la progression de l'élevage moderne et des cultures irriguées, en particulier, du maïs où l'île est nettement déficitaire.

La viticulture est répandue dans toute l'île. Elle couvre 74 000 ha en vigne à vin et 1 760 hectares en raisin de table. Les techniques agronomiques ont beaucoup progressé.
Mais la faible dimension des exploitations est une limite importante à la baisse des coûts de production car elle ne permet pas d'utiliser des moyens mécaniques. Seule la création de *« cantines sociales»* serait en mesure d'entraîner leur modernisation, en les mécanisant progressivement.

L'oliveraie, par les surfaces utilisées, est l'activité la plus importante après la vigne. La province de Sassari s'est spécialisée dans cette spéculation avec 42% du total. Le Nuoro arrive en deuxième position.
C'est un secteur en pleine transformation. La création de coopératives, l'amélioration des techniques culturales, la mécanisation des récoltes qui compte pour 70% dans le coût du produit, l'irrigation, la sélection, la conservation et la commercialisation contribuent à sa revalorisation.

Les cultures fruitières occupent des positions modestes. En 1975, la répartition par provinces, des cultures fruitières, principalement des agrumes et des pêches, est la suivante :

Cultures fruitières

provinces	ha	production*
Cagliari	6 560	711 400
Oristano	1 023	143 400
Sassari	304	21 500
Nuoro	1 872	163 700

* en quintaux

Les agrumes fournissent 550 000 quintaux de fruits, en 1975, dans la province de Cagliari, occupent 3 340 hectares et comptent pour 78% dans la production de l'île.
Il y a aussi 950 hectares de pêchers qui produisent 48 000 quintaux et constituent 74% de la production totale.
Les résultats globaux de l'activité fruitière sont limités. Le caractère artisanal des exploitations, la faible mécanisation, rendent cette spéculation peu dynamique. L'esprit coopératif n'y souffle pas comme pour la vigne ou le secteur laitier-fromager.
L'horticulture représente 70% des terres cultivées. La Sardaigne occupe le dernier rang, au plan national, pour ces spéculations. La production ne satisfait que le marché local, à l'exception de l'artichaut.
Ce secteur se caractérise par une faible diversification, l'absence de mécanisation et une commercialisation inadéquate.

Problèmes et perspectives de l'agriculture sarde

L'orographie et la nature géo-pédologique des terrains sont les facteurs fondamentaux limitant l'expansion territoriale d'une agriculture intensive et mécanisée dans l'île.
Les plaines, avec 2 400 000 hectares, constituent 18% de la superficie globale, la montagne 14% et les zones collinaires quasi montagneuses, 68%.

La fertilité des terrains est modeste. La construction d'un réseau routier "de pénétration agraire" et le recours à la mécanisation, ont concouru à une importante transformation de l'agriculture.
Le fait le plus marquant est, sans conteste, le rôle des instituts de recherche et les expérimentations financées par l'Etat ou la Région. Malgré quelques expériences décevantes, celles-ci ont, cependant, contribué au saut qualitatif de l'agriculture sarde ces trente dernières années.
Les progrès dans la production sont contrebalancés par de larges insuffisances dans la conservation, la transformation et la commercialisation des produits agricoles.

Les évolutions récentes 1990-1993

L'agriculture bénéficie, depuis 1990, d'un contexte climatique favorable. Les niveaux de production augmentent pour les produits de l'élevage, les agrumes et le vin.
La production marchande agricole sarde s'élève à 1 722 milliards de lires, en 1992. Son taux de croissance est de 3,7% en prix courants et de 5,4% en prix constants par rapport à 1991.
Les produits de l'élevage ont augmenté de 13% tandis que les céréales ont diminué de 11,7%, en volume, en raison d'une baisse des rendements et d'une chute des superficies cultivées de trois mille hectares. Les réductions les plus nettes sont de 5% pour l'orge, 16% pour le blé et 9% pour le maïs. Le riz, par contre, augmente de 9%.
Les cultures industrielles, telles que la betterave sucrière, ont augmenté (+ 7%). Elles couvrent à 90% la consommation locale évaluée à trois cent cinquante mille quintaux.
Les quotas imposés par l'Union européenne s'élèvent à 290 000 quintaux. Ils ne permettent pas de couvrir la totalité de la demande locale et obligent la Sardaigne à importer 10% de sa

consommation. La tomate et l'artichaut donnent des résultats médiocres.
La viticulture se comporte bien, malgré une orientation défavorable de la politique communautaire. Trois cent cinquante mille bouteilles de vin ont été produites, en Sardaigne, soit 25% de plus qu'en 1991. 60% sont consommés dans la région.
L'élevage enregistre, pour la seconde année consécutive, une élévation significative de sa production, d'environ 13%. Le lait, la viande ovine, caprine et porcine sont les principales productions en progression.
L'élevage bovin voit, pour le lait, sa production augmenter de 4%, avec des prix à la hausse. Pour la viande, on observe une réduction de 5%.
C'est pour les brebis et les chèvres que les résultats sont les meilleurs avec 15% d'augmentation annuelle.

D'une industrie à caractère artisanal pendant la décennie 1950-1960

Dans les années cinquante, l'industrie contribue, pour 25%, au produit intérieur. De 1950 à1980, l'industrialisation provoque une réelle transformation de la structure productive de l'économie. C'est le passage d'une industrie à caractère artisanal, à l'exception des mines, à une industrie à forte intensité capitalistique et "*export- oriented*".

Après la guerre, seule l'industrie minière a atteint une dimension notable. Le charbon sarde de Sulcis alimente les industries de l'Italie du Nord. Le plomb, le zinc, le fer voient leur production augmenter, jusqu'aux années cinquante.
Mais la réouverture des marchés internationaux, en 1947, met en difficulté l'industrie charbonnière sarde. L'entrée de l'Italie,

en 1952, dans la Communauté européenne du charbon et de l'acier (CECA) et les politiques élaborées par cette institution conduisent à l'abandon des gisements sardes considérés comme peu importants ou à faible compétitivité et plongent l'industrie minière dans la crise. La chute des cours mondiaux du prix des métaux, en 1956, aggrave la crise. A Carbonia, centre minier important, l'emploi s'effondre. De quatorze mille emplois, en 1947, on passe à dix mille en 1952 et cinq mille en 1957.

La fragilité du système productif sarde est mise à nu. La transformation, source de valeur ajoutée, est faite hors de l'île. De nombreux efforts de gains de productivité, à travers une mécanisation accrue, sont entrepris.

Les plans Carta, Levi et de Renaissance n'enrayent pas la chute de l'emploi. En 1950, ils s'élevaient à vingt-cinq mille. Ils n'étaient plus que dix mille en 1961. On assiste, dans les années soixante, à la fermeture des mines de fer de S.Leone, de Canaglia, de la Pertusola et de l'Argentiera.

De façon plus générale, pour les années 1950-1960, l'emploi manufacturier augmente de 4 414 unités, conséquence d'une légère progression des activités de manutention plus que de transformation. Aucun changement structurel n'intervient.

L'urbanisation et une politique active de travaux publics stimulent la branche du bâtiment. L'emploi croît de 73%, en dix ans. A la fin des années cinquante, la valeur ajoutée industrielle se répartissait ainsi :

Répartition de la valeur ajoutée industrielle

industrie de base	44%
dont extractives	22%
eau, gaz, électricité	18%
industrie de transformation	56%
dont alimentation et boisson	16%

Le système industriel sarde, à cette époque, vise à la satisfaction du marché intérieur, et est relativement autonome par rapport au marché international. Une lente élévation du revenu par tête induit une faible croissance industrielle. Les techniques demeurent traditionnelles.

A une industrie à forte intensité capitalistique dans les années 1960 - 1970 ou le temps de l'industrialisation

C'est à proprement parler, le temps de l'industrialisation, sous l'impulsion de la puissance publique. On assiste à une profonde mutation de la structure productive de l'île. Cette politique industrielle nouvelle se caractérise par des investissements très capitalistiques, particulièrement dans la pétrochimie, une grande concentration territoriale par pôle et une aide publique financière massive et à taux bonifié.

De 1963 à 1970, la production industrielle s'élève, en lires courantes, de 135%. Dans le secteur manufacturier, elle croît de 192%. Mais en raison de la progression du tertiaire et d'un rapport très élevé *capital investi / produit généré*, la part de l'industrie, dans le revenu brut, ne s'élève que de 26% à 30%. Les investissements industriels croissent de 184%.
Leur effet sur l'élévation du revenu est faible. Des modifications structurelles interviennent. La taille des entreprises augmente, les moyennes remplaçant les petites. Le secteur industriel devient dual. D'un côté, on voit émerger une industrie moderne, intégrée, de l'autre, subsistent des activités traditionnelles, à faible intensité capitalistique, aux structures atomisées et orientées vers le marché local.

Une monoculture industrielle

L'industrialisation a détruit l'équilibre ancien fondé sur une protection de fait de l'économie insulaire, et n'a pas induit une nouvelle dynamique de développement endogène conduite par les forces vives de l'île. Les Sardes parlent « *d'industrialisation sans développement* » et de « *monoculture industrielle* ».
Cette industrialisation par pôles n'entraîne pas de croissance marquée de l'économie insulaire et exclut même certaines zones géographiques importantes. La rémunération du capital l'emporte sur celle du travail. 75% des investissements sont réalisés dans l'industrie pétrochimique.
Le déséquilibre des comptes extérieurs de l'île se creuse sous l'effet d'une élévation du revenu interne et d'un commencement d'intégration de l'économie insulaire. La production industrielle a crû mais celle-ci est concentrée territorialement et est peu créatrice d'emplois.

Une crise majeure dans les années récentes : 1970 - 1985

Malgré quelques tentatives de rééquilibrage sectoriel et géographique, l'industrie s'achemine vers une crise majeure. Dans l'industrie pétrochimique, les problèmes sont financiers : un endettement excessif et une valeur ajoutée insuffisante contribuent à son mauvais fonctionnement. La pétrochimie sarde reste, cependant, la plus moderne et la plus grande d'Italie.
La production de fibres est aussi en difficulté. Malgré le haut niveau technologique de cette branche, elle fait face à une insuffisance de débouchés. La production d'aluminium se heurte à des coûts de transformation trop élevés. Les mines, malgré la hausse des prix des matières premières, n'arrivent pas à se moderniser. La crise énergétique internationale, des années

1975-1980, a contribué aux difficultés de l'industrie insulaire. L'objectif de la restructuration de la pétrochimie favorise les activités à haute valeur ajoutée et l'emploi. La relance du secteur minier intervient avec la constitution d'un pôle métallurgique à Porto Vesme, pour le plomb et le zinc.

Tutto il mondo è paese

En fait, l'industrialisation de la Sardaigne, ces vingt dernières années, est le résultat de stratégies nationales italiennes, dans des branches où le marché mondial est déterminant. La Sardaigne en constitue le support territorial, fournit parfois les matières premières et toujours la main d'œuvre de base. Elle est la nouvelle frontière de l'industrie italienne. Celle-ci profite des avantages comparatifs d'une région en retard de développement et des faiblesses d'une autonomie institutionnelle ambiguë dans sa pratique, permettant au gouvernement central d'imposer ses choix stratégiques. Cette politique trouve ses limites dans le monde globalisé d'aujourd'hui.
Par rapport à d'autres régions du monde, le Mezzogiorno sarde n'est pas concurrentiel, ne serait-ce qu'en raison du niveau relativement élevé des salaires pratiqués.
"*Tutto il mondo è paese*" disait déjà, au début de ce siècle, Grazia Deledda, prix Nobel de littérature (1926) et originaire du Nuoro.

Les exemples de Porto-Torres et d'Ottana

Ces deux exemples illustrent l'industrialisation sauvage du pays et ont conditionné l'ensemble des choix de développement de la Sardaigne.

Porto-Torres

C'est en 1959 qu'est constituée la "Sarde Industrie Resine" (SIR) à Sassari, avec pour objectif de réaliser un complexe pétrochimique, à Porto Torres. La société mère est milanaise. Le choix de PortoTorres tient à des considérations stratégiques : la route du pétrole n'est pas loin, les eaux sont profondes, le prix des terrains est faible, un aéroport est à proximité.
A cela s'ajoute une politique financière de prêts à taux réduits prévue par les lois de 1959 sur l'industrialisation du Mezzogiorno.
C'est ainsi que naît le projet de construire un ensemble pétrochimique destiné à devenir l'un des plus grands d'Europe et d'Italie. Le complexe de Porto Torres, en 1971, tient un rôle de premier plan dans l'expansion vertigineuse du groupe "Rovelli".
En fait la grande industrie se voit confier la maîtrise de l'économie sarde et reçoit la majeure partie des fonds alloués à l'île. 65% des prêts du Crédit industriel sarde et 29% des subventions de la Région vont à la SIR.
On mesure le poids du lobby pétrochimique dans l'économie insulaire qui a balayé les objectifs initiaux du Crédit industriel sarde - celui-ci avait pour objet de financer les petites et moyennes entreprises - et réduit à peu de chose les lignes directrices du « *Plan de Renaissance* », abandonnées par la Région. Il contrôle aussi les deux plus grands quotidiens de l'île. La Sardaigne devient le terrain principal de la "guerre chimique" que se livrent les groupes italiens : *Eni - Anic, Montedison.*
Les effets sur l'économie sarde sont multiples, et, au bout du compte, négatifs. Le tissu social se détériore, les campagnes se vident et l'urbanisation sauvage s'accélère. Plus de la moitié des habitants de la province de Sassari habitent à Porto Torres, Alghero et Sassari.

Un début de classe ouvrière est en voie de formation, tandis que plusieurs milliers de ruraux, candidats au travail, viennent s'agglutiner dans les zones urbaines. Le tertiaire croît. Les revenus augmentent mais le développement est fortement déséquilibré et ne s'intègre pas au tissu économique insulaire.
La crise pétrolière met un terme à l'expansion de cette industrie. L'incidence du coût des matières premières sur le coût total de production passe de 28% à 60%.
Au plan européen, une situation de surproduction s'installe qui pèse sur les prix et modifie le rapport coût/bénéfice. Les transformations qui interviennent dans la division internationale du travail remettent en cause le rôle de la Sir. Une crise majeure s'installe, principalement financière, qui a des incidences sur les organismes de crédit italiens. Sur le plan social, c'est la mise à pied d'environ 6 000 travailleurs. L'Etat italien, à partir de 1978, devient le partenaire obligé d'une opération de sauvetage.

Un autre exemple industriel : Ottana, une tentative controversée

Ottana est l'essai d'implantation, dans la Sardaigne centrale, d'un complexe industriel, en fonction d'objectifs qui tiennent moins au développement qu'à un souci de *« maintenir l'ordre public et de lutter contre le banditisme »,* dans une région, la Barbagia, où la misère et l'émigration forcée sont le lot de ses habitants depuis des siècles. C'est la mise en oeuvre d'une industrialisation forcée, d'initiative publique et de conception exclusivement continentale.
Le document du Comité des ministres pour le "Mezzogiorno", en 1969, spécifie : "*Afin de donner une meilleure efficacité à l'action de rupture entreprise dans la Sardaigne intérieure, la création d'un pôle industriel serait de nature à prévenir les causes du phénomène criminel.*"

La prévention du phénomène prend le pas sur la répression. D'un point de vue technique, ce projet présente de sérieux inconvénients. L'éloignement de cette région, l'absence de formation de la main d'œuvre, l'inexistence d'un tissu industriel constituent des faiblesses majeures.
La volonté des pouvoirs publics est de rééquilibrer, quel qu'en soit le prix, le développement de l'île. Cette industrialisation forcée a été, cependant, plus budgétivore que génératrice de croissance.
Le Conseil des Ministres approuve, en 1970, le "Consortium d'industrialisation" de la moyenne vallée du Tirso, composée de onze communes. On espère la création de six mille emplois.
En 1971, le noyau industriel d'Ottana est transformé en zone de développement industriel avec des investissements prévus de six cents milliards de lires et onze mille créations d'emplois. Les plans suivants vont jusqu'à prévoir 41 000 créations d'emplois en 1986.
Avant même que l'usine d'Ottana ne fonctionne, un embryon de classe ouvrière se constitue, en raison d'une politique de recrutement de type clientéliste. En 1971, les occupations commencent. Le projet d'industrialisation est dénoncé comme visant à la destruction de l'économie pastorale. La population de Barbagia se solidarise avec les ouvriers. L'opposition à la politique mise en œuvre par l'ENI grandit et atteint son paroxysme dans les années 1973-1975. La direction est expulsée, l'industrialisation est contestée. Un mouvement général de rébellion naît dans la région fondé sur le refus de la domination du pouvoir continental.

Au plan politique, la démocratie chrétienne subit une défaite en 1975. Cent quatre-vingts travailleurs sont élus dans les communes des environs d'Ottana. La crise pétrolière vient aggraver la situation. Le chômage s'installe. Des milliers d'émigrés sardes rentrent en Sardaigne.

Le banditisme, et une de ses formes typiquement sardes, les séquestrations, demeure important. L'Etat reprend ses opérations de police. Celles-ci ont un caractère quasi militaire.

L'expérience d'Ottana, devenue affaire nationale, consacre l'irréalisme du placage d'un modèle importé, conçu de l'extérieur, et ne prenant pas suffisamment en compte la spécificité du peuple sarde. Le chômage a doublé, dans la région, entre 1971 et 1980.

Un artisanat dynamique

La structure de l'artisanat sarde présente les caractéristiques suivantes : en 1978, une enquête lancée par l'Institut Sarde de l'Organisation du Travail Artisanal (ISOLA) indique que 31 233 entreprises artisanales emploient environ 60 000 personnes, soit 13 % de la main d'œuvre de la région.
Ce sont en général, des entreprises individuelles avec un rapport capital/travail très faible. Le crédit y est peu utilisé. Les débouchés sont surtout locaux. Les formes coopératives, que cela soit pour l'achat de matières premières ou pour la commercialisation, sont rares.
La région a mené une politique active de soutien à l'artisanat, afin d'améliorer la production et l'emploi, en multipliant les aides frisant parfois l'assistance. Un meilleur accès au crédit a été menagé et les taux de ces crédits ont été bonifiés. L'artisanat d'art a été encouragé avec un certain succès.
L'évolution de l'artisanat est un bon indicateur de la transformation de l'économie sarde. L'artisanat est lié traditionnellement au monde agricole. Les biens produits sont des biens d'usage et la suite naturelle de la production agricole. Mais les politiques mises en œuvre, dans les années soixante, ont rompu le fragile équilibre existant.

Une industrialisation par pôle, une politique touristique de caractère "*enclavé*", la pénétration des importations conséquence de l'intégration de l'économie insulaire, le brusque changement culturel induisant une variation de la demande à laquelle les entreprises locales n'ont pu s'adapter, l'élévation du revenu, mais sa distribution géographiquement déséquilibrée, ont mis en difficulté le secteur artisanal.
Au cycle productif classique qui va de la matière première au produit fini, des activités de réparation et de services se sont substituées, conséquence d'une segmentation inquiétante du cycle de production. Leur expansion, ces dernières années, est, pour partie, la conséquence de la crise sévissant ailleurs. L'artisanat devient un secteur refuge pour une main d'œuvre ne trouvant plus d'emploi dans d'autres secteurs.

Le tourisme, un décollage problématique

La naissance du tourisme en Sardaigne date de l'après-guerre et est postérieure à l'éradication de la malaria. Entre 1949 et 1956, la fréquentation touristique quadruple et la présence des touristes étrangers est multipliée par dix. Mais le véritable décollage touristique date des années soixante. En 1956, on compte 3 570 lits d'hôtel et 352 000 arrivées dont 27 057 étrangers.
C'est aussi à cette époque que la Puissance publique commence à réfléchir sur le problème touristique. La Commission économique d'étude du "*Plan de Renaissance de la Sardaigne*" rend ses conclusions. Des propositions sont avancées visant à mettre en place un " *plan de valorisation touristique* " dans l'île.
Dans le même temps, la Région, qui bénéficie en matière de tourisme, d'une compétence normative primaire et exclusive, crée "l'Ente Sardo Industrie Turistiche" (Esit).

Dans le plan quinquennal (1965-1969), le tourisme se voit confier un rôle de secteur porteur de l'économie conjointement à l'industrie et l'agriculture.

Un développement mal maîtrisé

L'absence de statistiques détaillées rend mal aisée l'analyse. La progression du nombre de lits est un indicateur de la dynamique touristique :

Augmentation des lits en Sardaigne

années	lits
1960	5 000
1972	22 050
1985	41 000

On constate un quasi-doublement de l'offre de lits, depuis 1972. A cela, il faut ajouter les lits de camping qui s'élèvent, en 1985, à 51 647.
Le recensement de 1981 dans les seules communes littorales à l'exclusion de Sassari, de Cagliari et d'Oristano, indique que des centaines de milliers d'habitations sont non occupées, ce qui accroît considérablement la capacité d'accueil mais indique l'étendue du mitage, l'ampleur de la bétonisation du littoral et de la spéculation qui l'accompagne. Le lobby du ciment pèse lourdement sur l'île.
Sur environ 55 000 lits, la moitié se trouve dans la province de Sassari qui comprend la Costa Smeralda et Alghero, 20% dans le Nuoro, 27% dans la province de Cagliari, 3% dans l'Oristano. La province de Sassari représente près de la moitié des hébergements, suivie du Nuoro (30%). La part des étrangers

évolue entre 5 et 20% selon les mois. Sept millions de nuitées sont celles de Sardes rentrant chez eux. En 1985, 25 millions de nuitées ont été enregistrés dont 24 millions par des Italiens.
Ces données placent la Sardaigne au huitième rang des régions choisies par les Italiens pour leurs vacances. Une progression forte de la destination "Sardaigne" est enregistrée ces dernières années qu'il faut mettre en relation avec la situation en ex-Yougoslavie.
Les Italiens du Nord sont majoritaires (71%) dans le choix de la Sardaigne. Les Romains et les Siciliens suivent. Ils viennent par la mer (91%) et transitent, de plus en plus, par la Corse. Ils choisissent le littoral de façon massive.
Le tourisme est concentré sur les mois estivaux. Le tourisme hivernal est presque inexistant. La demande de tourisme vert est très faible. La Sardaigne est en train de s'inspirer de l'exemple corse, en mettant en place un parc régional, non sans difficultés, d'ailleurs.
18% des nuitées sont effectuées dans des structures d'accueil classées (hôtels, campings, villages de vacances). 80% sont réalisées dans d'autres structures, principalement des résidences secondaires. Les Sardes parlent de *"l'archipel des résidences secondaires"*.
Ce phénomène va s'amplifiant, en Sardaigne comme en Corse. Ces résidences, vides l'hiver, accroissent l'impression de désertification. On est passé d'un temps où il y avait peu de maisons, mais celles-ci étaient généralement habitées, à celui où la multiplication d'habitations vides donne un sentiment d'abandon. C'est, malheureusement, le lot de toutes les régions touristiques.

La situation dans les années 1980

Le système touristique continue à porter la marque de son mauvais départ. Le recensement de 1981 indique que des centaines de milliers d'habitations sont inoccupées en dehors des zones urbaines. On évalue la capacité d'accueil en nuitées, à douze millions, induisant un revenu brut d'environ cent cinquante milliards de lires annuelles, estimation à prendre avec beaucoup de précautions.

Le taux d'occupation est très bas : 25%, et même seulement 18% dans les zones uniquement touristiques.

Les effets multiplicateurs de la dépense touristique sur l'économie sont difficiles à évaluer précisément et sont généralement considérés comme limités.

Le tourisme vit une crise d'identité en Sardaigne. On mesure ses effets négatifs sur l'environnement, les mentalités, l'utilisation des ressources naturelles, comme en Corse. Seul le commerce en profite, ce qui est typique des économies en retard de développement.

Les faiblesses du Statut spécial sarde et les illusions de l'autonomie

L'administration régionale, malgré ses compétences directes, n'a pas maîtrisé la croissance touristique qui s'est effectuée de façon "*sauvage*", en fonction d'intérêts n'ayant rien à voir avec la recherche d'un développement équilibré de l'île : affaire de volonté politique ou caractère illusoire des pouvoirs que confère l'autonomie même lorsque la région a une compétence législative exclusive comme pour le tourisme ?

L'autonomie ne peut être réelle qu'en mouvement, comme le cycliste sur son vélo. Autrement, elle entre dans une spirale régressive où l'Etat central récupère lentement ses prérogatives.

Perspectives de l'économie sarde

Longtemps regardée comme une région pauvre et autosuffisante, la Sardaigne est aujourd'hui devenue globalement plus riche mais considérablement plus dépendante de l'extérieur. Le secteur moderne de l'économie est largement intégré tandis que le secteur traditionnel reste marginalisé.
Les habitudes de consommation ont rejoint et même dépassé celles du continent, particulièrement dans les domaines de l'habillement, de la santé, de la culture et des loisirs. Cela a conduit à une augmentation importante des importations contribuant à déséquilibrer la balance commerciale.
Le revenu per capita s'est élevé. Il est, en 1990, de 17 500 écus, devant celui du Mezzogiorno. Il est fortement tributaire du poids considérable des salariés de la fonction publique.
Chômage, émigration et désertification de l'intérieur constituent toujours les données de base de la situation économique insulaire.
Le chômage est important (19%), particulièrement celui des jeunes et des femmes. La proportion de main d'œuvre non qualifiée parmi les demandeurs d'emploi est forte (78 %). La récession industrielle et l'expansion du tertiaire en sont les causes principales.
L'urbanisation du littoral et la désertification des campagnes contribuent aux déséquilibres territoriaux de l'île.
La plus grande intégration de l'économie sarde à l'économie continentale affaiblit sa capacité productive mais, les revenus et les niveaux de consommation s'améliorent, conséquence de transferts financiers importants.
Cette perte d'autonomie économique s'est réalisée dans ce que les Sardes appellent " *il trentennio autonomistico*", période qui débute en 1949, avec l'instauration d'un statut spécial d'autonomie.
Ce statut qui a conféré un certain nombre de pouvoirs à la Région, a conduit, par l'ambiguïté de la répartition des

compétences entre le niveau central et le niveau local, à la création d'un pouvoir régional que l'on a qualifié de "*mou*".
L'Etat central s'est gardé une marge d'action et de contrôle considérable en mettant en œuvre une politique keynésienne fondée sur la dépense publique.
Celle-ci a pris la forme d'un "*Plan de Renaissance*". Cette volonté de programmation, définie dans les années soixante-dix, a réduit à la portion congrue, l'expérience autonomiste.

Le pouvoir de Rome s'est accru ces trois dernières décennies. Les forces centralisatrices l'ont emporté sur l'essai, novateur pour l'époque, d'une décentralisation introduite en 1949.
L'achèvement du marché intérieur européen en 1993, et le choc du marché unique induisent une accentuation des tendances constatées ci-dessus.
Il en découle inévitablement, un accroissement de la dualité entre les secteurs moderne et traditionnel, une plus grande spécialisation vers le tourisme et les services peu favorable à un développement réel de l'île.

Au plan économique, le marché unique aura peu d'incidence sur les produits dans la mesure où cet aspect de l'intégration européenne est quasiment achevé.
Pour le reste, une certaine protection de la distance due au coût des transports, mettra à l'abri, encore un peu, les industries locales (P.M.E. P.M.I.) ayant des marchés segmentés, à condition qu'il n'y ait pas une continuité territoriale privilégiant démesurément les importations au détriment des exportations.
Par contre, le marché unique pourrait avoir une incidence forte au niveau des facteurs. Le processus de transferts factoriels devrait s'accélérer si des politiques favorisant les productions insulaires ne sont élaborées.

Le caractère défavorable du libre jeu du marché, pour les zones périphériques, qu'essaient de contrebalancer des politiques

régionales européennes correctives, aggravera les problèmes de l'île.
La spécialisation touristique accroîtra la fragilité de l'économie et créera de nouveaux déséquilibres économiques, humains et spatiaux.
L'industrie sarde, impulsée par des aides publiques, se heurtera, un jour ou l'autre, à la lettre et à l'esprit des traités de l'Union européenne (Paris, Rome, Maastricht, Amsterdam) à moins que des dérogations spéciales, se fondant sur la reconnaissance des handicaps des régions insulaires, ne soient accordées à l'île.
Le traité d'Amsterdam fait mention, pour la première fois, du handicap des îles. Le chemin sera probablement encore long, entre ce qui reste, aujourd'hui, une clause de style et la mise en œuvre de politiques spécifiques adaptées aux îles.
Car, c'est toute la philosophie du libéralisme économique qui est en jeu. Or, celui-ci constitue les tables de la loi de la construction européenne.

Sardegna, di Manlio Brigaglia, Edizioni Della Torre, Gagliari.

Le devenir des relations économiques corso-sardes

Une modification partielle des règles du jeu ?

Si l'on s'en tient à un scénario tendanciel, reproduisant les évolutions passées, les échanges corso-sardes ne peuvent que stagner. Les déterminismes nationaux, la force des habitudes, les préjugés, en un mot, le poids de l'histoire ne permettront pas une significative réorientation des échanges.

L'autre scénario nécessite un changement de logique

Tant qu'il sera plus intéressant d'importer que de produire sur place ce qui peut raisonnablement l'être, l'avenir des économies insulaires mais aussi parfois européennes est en passe de devenir alarmant car il est synonyme de désertification, de chômage, de tensions multiples. On touche, là, à l'aménagement et au développement du territoire, et plus encore à la place de l'homme dans son espace ou sur sa terre. L'économie marchande ne s'intéresse pas à cette question, pourtant fondamentale.

« Faut-il laisser le marché décider, seul, du visage de la France et de son organisation géographique, humaine et sociale ? » "*Certainement pas*", répond Charles Pasqua, devant l'assemblée nationale, en juillet 1994, lors de l'examen du projet de loi sur l'aménagement et le développement du territoire.

Des politiques préoccupées essentiellement d'exportation c'est-à-dire de rentabilité immédiate, passent à côté de ce problème du maintien de la vie et d'une certaine harmonie sur un territoire donné.
Axées uniquement sur le marché mondial, préoccupées exclusivement de rentabilité financière directe et à court terme, ces politiques s'accommodent très bien de délocalisations et de leur cortège de drames humains et sociaux. Mais, souvent, l'appauvrissement collectif est au bout du chemin, même si quelques entreprises performantes s'en sortent.

Seule une modification partielle des règles du jeu d'un libre-échange totalitaire peut permettre de se frayer un chemin vers un avenir moins sombre. Les grands pays, même lorsqu'ils tiennent un discours libre-échangiste dans les enceintes internationales, en donnant des leçons à la terre entière, comme les Etats-Unis, protègent leur marché si un de leurs intérêts importants est en jeu. Le Japon protège ses riziculteurs, alors qu'il pourrait s'approvisionner, à meilleur prix, sur le marché international. Pourquoi les petits pays ne pourraient-ils procéder de façon identique alors que c'est encore plus vital pour eux ?

Une préférence insulaire

La définition et la mise en oeuvre d'une préférence insulaire englobant les deux îles, à l'instar de la préférence communautaire, peuvent seuls relancer l'économie et la production locale, promouvoir l'intensification des échanges entre les deux îles et renforcer l'aire économique corso-sarde. Le BENELUX et la CEE ont été compatibles pendant longtemps.

Cette préférence insulaire serait l'instrument d'une réorientation partielle des échanges qui permettrait à chacune des îles de s'approvisionner sur l'île voisine lorsqu'elles y auraient un avantage comparatif. Cela implique une modification des circuits de distribution et une diminution des avantages dont bénéficient les produits continentaux profitant d'une politique de continuité territoriale souvent à sens unique. Cela constituerait l'amorce d'une zone économique sardo-corse de près de deux millions d'habitants.
Pour la Corse, cela pourrait être un champ d'action nouveau en la sortant de la monoculture du tourisme compte tenu de ses faiblesses inhérentes à la brièveté de la saison, de sa fragilité et de l'étroitesse du marché corse.
Il faudrait que les entreprises corses soient à même de s'implanter sur le marché sarde et qu'il y ait une volonté politique suffisamment forte pour donner une crédibilité à une telle orientation.
Cela demande aussi que des complémentarités s'établissent entre les deux îles. A la Sardaigne, les activités lourdes, principalement industrielles, à la Corse, les secteurs plus légers.

La compatibilité d'une telle approche avec les traités communautaires est possible dans le cadre d'une politique européenne dérogatoire et spécifique aux îles, à négocier avec Bruxelles.
La Grande-Bretagne et le Danemark ont bénéficié de dérogations majeures qui remettent en cause, pour ce dernier, le principe de la libre circulation des capitaux, puisqu'un « non résident » ne peut acheter de résidence secondaire, dans une région que le Danemark veut préserver d'une invasion

touristique prévisible des habitants d'un grand pays voisin attiré par la beauté de ses sites et le caractère sauvage de ses côtes.
Cela revient, dans ce cas, à contrôler les investissements communautaires dans un pays membre de l'Union européenne. Cette clause dérogatoire, pour le Danemark, figure dans un protocole annexé au Traité de Maastricht qui s'énonce ainsi : " *Nonobstant les dispositions du traité, le Danemark peut maintenir sa législation en vigueur en matière d'acquisition de résidence secondaire.*" Cette législation interdit à un non-danois d'acquérir une résidence dans cette partie du pays.

Un marché corso-sarde

L'édification d'un marché sardo-corse, que permettrait une préférence insulaire, débouchant sur des politiques d'import-substitution, serait de nature à générer une croissance par la consommation interne comme d'ailleurs le fait le tourisme qui est un "plus" de consommation alors qu'une croissance fondée sur l'exportation est plus aléatoire en raison de l'instabilité grandissante des marchés.

Sortir du piège des monocultures qu'elles soient industrielles, pétrochimiques, pour la Sardaigne, agrumicole, kiwicole ou touristique pour la Corse est le but de la constitution d'une aire sardo-corse.
Ces économies s'appuient sur un modèle de développement exogène privilégiant démesurément l'exportation et les infrastructures de transport lourdes aux charges récurrentes élevées et souvent surdimensionnées, rapportées à la population résidente permanente.
Comme le rappelait l'ancien ministre René Lenoir, dans un article du *Monde diplomatique*, «*un kilomètre d'autoroute équivaut à deux mille ans du salaire d'un instituteur*». L'idée de

créer des zones économiques homogènes est partagée par un nombre croissant d'économistes. Il ne peut y avoir échange équitable qu'entre des régions aux niveaux de vie et de protection sociale comparables.

Une promotion croisée des exportations

Cela n'est d'ailleurs pas contradictoire avec la poursuite de politiques plus classiques de promotion des exportations.
On peut penser à un partenariat sardo-corse pour s'implanter sur des marchés extérieurs aux deux îles à commencer par le marché français pour les produits sardes et le marché italien pour les produits corses, et aussi sur bien d'autres en utilisant les acquis de l'un ou l'autre sur tel ou tel marché : Afrique, pour la Corse, Usa, Canada, pour la Sardaigne.
Cela serait la remise à l'honneur d'un commerce triangulaire qui existait, par exemple, entre Bunifaziu, la Sardaigne et Gênes, encore au début du 20ème siècle, pour le fromage, et qui pourrait être renouvelé sur des bases territoriales plus larges et pour des produits plus variés.
L'extension de la politique *Interreg* à la Toscane donne une occasion de relance de ce commerce triangulaire et de créer un axe Toscane-Corse-Sardaigne. Encore faudrait-il définir les politiques à mener et ne pas se contenter d'un axe routier comme c'est le cas aujourd'hui ?
Cette approche de partenariat vers les marchés extérieurs conviendra probablement mieux à la partie sarde, pour qui le marché corse, de par sa taille, n'est pas assez significatif. Les stratégies des deux îles ne peuvent être totalement semblables, même si elles peuvent partiellement se recouper. Ce *"policy mix"* peut, peut-être, répondre au difficile problème de l'intensification des liens entre les deux îles.

Des instruments d'observation et d'action

C'est sans doute un des premiers acquis du programme d'initiative communautaire *Interreg* que d'avoir contribué à faire prendre conscience des efforts à fournir, de part et d'autre.
Un observatoire économique corso-sarde permanent pourrait être chargé de l'établissement et du suivi d'un certain nombre d'indicateurs socio-économiques de façon à évaluer régulièrement la situation économique des deux îles et identifier les actions à mener dans une perspective d'intensification des échanges.
Pourquoi ne pas envisager, enfin, la constitution de groupements européens d'intérêt économique sardo-corses dont l'objet serait de faciliter la coopération interentreprises et qui bénéficieraient, ainsi, d'une certaine indépendance vis-à-vis des droits nationaux des Etats membres ?
La constitution de groupements européens d'intérêt économique, dans des domaines communs, la promotion des exportations, en partenariat, seraient encadrées par un office corso-sarde de coopération économique.

Des investissements en commun

Sur un plan plus pratique, des opportunités apparaissent dans les domaines de la pierre, du liège, de l'eau, du gaz et de l'électricité.
Une politique de "joint ventures" dans les branches de la pierre et du liège pourrait relancer ces activités, en Corse. Celles-ci se heurtent au double problème du financement et d'un « know how » adéquat.
Le savoir-faire sarde est reconnu pour le liège et la pierre, comme dans les mines où des expériences intéressantes ont été menées. Il y a, là, des pistes de partenariat possibles. Les Corses

pourraient, eux, apporter leur expertise en matière d'aquaculture. La Sardaigne est un gros consommateur de poisson.

Des opérations de troc : eau contre électricité

Si l'on fait un peu de géoéconomie, comme d'autres font de la géopolitique, on peut réfléchir à un champ d'action, à moyen terme, visant à élargir les échanges corso-sardes : l'eau constitue une des richesses de la Corse qui est un véritable *château d'eau* en Méditerranée, à condition qu'elle soit stockée convenablement et répartie équitablement. La Sardaigne, elle, en manque cruellement.
A l'inverse, la Sardaigne projette de produire du gaz, par gazéification de son charbon, et de le transformer en électricité pour sortir de la crise qui sévit dans son industrie minière.
On est, là, face à des projets qui pourraient structurer durablement les échanges corso-sardes mais demandent une volonté politique forte et des investissements importants que, seule, l'Europe pourrait catalyser.
La construction européenne s'est façonnée historiquement autour du charbon et de l'acier, par la signature du traité de Paris, en 1952, et la création du marché commun du charbon et de l'acier (CECA).

Perspectives

Lever les obstacles psychologiques aux échanges qui résultent de pesanteurs historiques

L'intensification des échanges économiques ne peut progresser si les personnes, les informations et les idées ne circulent plus massivement.

L'enfermement n'est plus, comme au début du siècle, lié uniquement à l'insularité. Chaque île est *enfermée dans son ensemble national*. On peut parler d'enfermement français, pour la Corse, et, italien, pour la Sardaigne.

Cela nécessite probablement, dans les deux îles, une transformation des mentalités lourdement façonnées par le centralisme administratif de leurs Etats de rattachement. Celui-ci a eu d'énormes incidences. Le mur que certains voient entre les deux îles relève autant de facteurs psychologiques et politiques que d'un goulot d'étranglement dans les transports.

S'incliner ou reprendre son destin en main

La diminution prévisible des aides européennes aux régions du Sud, en retard de développement, que va provoquer

l'élargissement de l'Union européenne aux pays de l'Europe centrale, au niveau de vie beaucoup plus faible, constitue un nouveau défi.
La Corse est déjà confrontée à cette diminution. Sa sortie de l'objectif n° 1, cadre dans lequel les concours européens sont les plus importants, est programmée, depuis que son revenu par tête a dépassé les 80% de la moyenne communautaire.

Et pourtant les Corses, ces dernières années, se sont probablement appauvris, malgré les transferts, dit-on, massifs que la France généreuse, soucieuse de son rayonnement et, peut-être, responsable du retard historique de la Corse, leur octroie. Le nombre de personnes en difficulté, de faillites d'entreprises, de jeunes sans travail, a augmenté de façon inquiétante. Toutes les statistiques officielles convergent dans ce diagnostic.
Mais les statisticiens européens, en l'occurrence, ont décrété que, telles n'étaient pas leur appréhension de la réalité économique de la Corse et leur vision des choses. Un savant habillage statistique peut, certes, rendre des pauvres riches, au moins sur le papier. « Si tu vesti un bastonu, pari un baronu », dit un vieux dicton populaire. Il est vrai que, pour le visiteur, dans l'extrême Sud, au bord de la grande bleue ou de piscines avenantes, tout semble riant dans les enclaves touristiques.

Aussi ne reste-t-il plus aux Sardes et aux Corses soumis à des pressions toujours plus fortes de ce *Nord* dominateur, manipulateur et comptable, que de s'incliner devant un destin défavorable que Arrighu Bel Messere, il y a mille ans, avait déjà pressenti - « Corsica non avrai mai bene » - ou de reprendre, s'ils en ont la volonté, leur destin en main, avec les pauvres moyens du bord.

C'est, à l'évidence, une lourde tâche pour ces deux îles dominées et instrumentalisées par leurs métropoles tutélaires que de concevoir un avenir viable avec des marges suffisantes d'indépendance permettant à leurs deux peuples de sauvegarder leur mode de vie, leur langue et leur culture. Mais il n'est pas interdit de rêver.

Un peu d'histoire politique

On trouvera ci-après, les premières motions, propositions ou voeux selon la terminologie consacrée et un peu désuète, concernant l'enseignement de la langue, la corsisation des emplois et la notion de peuple corse, un plan de rattrapage fondé sur la nécessité de réparation historique, l'adoption d'un statut dérogatoire pour l'île, et enfin une législation économique et fiscale particulière.
Un article 27 donnait à la première Assemblée un droit d'initiative lui permettant de proposer des modifications législatives au gouvernement qui pouvait, lui, les refuser.
C'est ainsi que l'Assemblée de Corse, dans le cadre de cet article, vota en juillet 1983, une motion sur le bilinguisme, l'enseignement obligatoire du corse et la corsisation de la toponymie. Elle recueillit une large majorité.
Pour la vérité de l'histoire, le Premier ministre ne reçut pas la motion originale mais une version falsifiée par l'exécutif de l'époque qui transforma la notion d'obligation en celle d'un enseignement disposant des moyens de l'enseignement obligatoire. Cette formulation habile rendait en fait l'enseignement de la langue facultatif et permettait de noyer le poisson et d'entretenir la confusion.
S'apercevant de la manipulation, les auteurs de la motion, qui faisaient partie de l'intergroupe des Non-Alignés, firent parvenir l'original à Pierre Mauroy. Celui-ci refusa de retenir le principe de l'enseignement obligatoire du corse et s'appuya sur la motion

falsifiée pour justifier sa position alors que c'était probablement Matignon qui avait dirigé la manoeuvre. Pierre Mauroy aurait dit plus tard en privé qu'il avait commis une erreur. Ainsi va la vie démocratique.

Quinze ans après, l'enseignement de la langue stagne, parce qu'il est facultatif et donc déprécié et perçu comme inutile dans un monde où seules les valeurs utilitaires sont célébrées.

En cette fin d'année 1998, le président de la commission de l'éducation, Marie-Jean Vinciguerra s'étonne de l'absence de réponse du gouvernement aux propositions, faites par l'Assemblée, d'amélioration de l'enseignement du corse datant de 1997. Les services de l'Etat, dans des notes internes, *proscrivent* l'obligation de son enseignement. Cette proscription tient lieu de politique.

Tant et si bien que l'on est en droit de penser que le but recherché mais non avoué des différents gouvernements est simplement d'accompagner l'agonie de la langue corse en lui prodiguant des traitements palliatifs ou cosmétiques mais certainement pas curatifs.

« *La langue est le bien le plus précieux d'un peuple* », avait dit François Mitterrand à l'Assemblée de Corse, en 1983, quelques semaines avant ces votes sur l'enseignement de la langue. Il avait ajouté : « *Soyez vous-mêmes* ».

Ce double jeu manifeste conduisit à la chute de la première assemblée. Celle-ci fut dissoute pour la raison étrange en démocratie qu'un changement de majorité y était intervenu. Le premier statut particulier était condamné.

Bis repetita, la commission d'enquête sur l'utilisation des fonds publics en Corse, présidée par Jean Glavany, se déclare favorable au développement de la culture corse et hostile à sa langue ou... tout au moins à son enseignement obligatoire. On s'étonne d'une telle constance dans l'erreur.

Ce ne sont pas non plus les propositions timorées du rapport Poignant sur les langues régionales ou l'annonce de la signature

« *a minima* » de la charte sur les langues minorées qui empêcheront la mort annoncée de ces langues proscrites de fait. Certes Bernard Poignant reconnaît « *que le développement du français s'est fait au détriment d'autres langues et que l'Etat a appliqué des méthodes qui ont été à l'encontre des réalités linguistiques des populations, de leurs traditions et de leurs cultures* ». Mais il ajoute « *qu'il n'est pas question de réparation historique ni d'enseignement obligatoire* ». On s'est mal comporté mais on continue !!! C'est le cynisme absolu du prince.

La corsisation demandée de la toponymie s'est transformée en un confus bilinguisme des plaques non réclamé et qui accentue les contradictions de la politique des pouvoirs publics.
Une forte majorité se manifesta sur une motion demandant la corsisation des emplois. Celle-ci ne fut même pas examinée par le gouvernement qui la jugea certainement extravagante. *Travailler au pays* ne doit rester sûrement qu'un slogan pour préau d'école.

Enfin, pour parfaire le tout, la motion sur la reconnaissance du Peuple corse, qui recueillit 23 voix, fut rejetée, en novembre 1983, mais votée quelques années plus tard par l'assemblée suivante.
L'assemblée nationale, dans les années quatre-vingt-dix, valida ce vote mais le Conseil constitutionnel le cassa par une voix de majorité, celle de son Président, Robert Badinter. Il y a des voix assassines.
Robert Badinter écrivait récemment : « *L'exigence de justice ne peut être satisfaite que quand ceux qui la rendent parviennent à se hisser au plus haut niveau de l'impartialité. A défaut, toute procédure n'est que mise en scène, camouflant sous une apparence judiciaire, un règlement de compte politique. Et rien n'est pire pour la justice et la démocratie que cette détestable confusion* ». On ne peut mieux dire.

ANNEXES POLITIQUES

Annexe 1 *: Composition de la Commission ad/hoc chargée d'examiner la proposition visant à l'enseignement de la langue, à la corsisation des emplois, à la modification de la fiscalité et à intégrer la notion de Peuple corse.*

Annexe 2 *: Proposition de l'Intergroupe des Non-Alignés sur l'enseignement de la langue corse.*

Annexe 3 *: Proposition votée, à l'attention de Monsieur le Premier Ministre, de modification du Statut particulier dans le cadre de l'article 27, de juin 1983, en matière d'enseignement de la langue corse.*

Annexe 4 *: Proposition en matière d'enseignement de la langue corse envoyée à Monsieur le Premier Ministre, après modification, en catimini, de sa teneur par l'exécutif.*

Annexe 5 *: Lettre du Premier Ministre Pierre Mauroy, de septembre 1983.*

Annexe 6 *: Article de « Corse Matin » du 11 octobre 1983.*

Annexe 7 *: Proposition de modification du Statut particulier, dans le cadre de l'article 27, visant à intégrer la notion de Peuple corse.*

Annexe 1 : *Composition de la Commission ad/hoc sur le Peuple Corse*

ASSEMBLEE DE CORSE

COMMISSION AD/HOC

chargée d'examiner le projet de proposition
tendant à modifier le Statut Particulier de la Région de
Corse en matière d'enseignement de la langue, de
corsisation des emplois et de fiscalité
et visant à intégrer la notion de Peuple Corse.

M. PIAZZA ALESSANDRINI François M. POLVERINI Jérôme	Rassemblement pour la Corse dans l'unité nationale
M. BAGGIONI Jean M. ALBERTINI Jean Louis	
M. VINCIGUERRA Marie Jean	Union Régionale pour le progrès
M. BUNGELMI Paul M FERRACCI Albert	Parti communiste
M. FAZI André	Union pour le peuple corse
M. ALFONSI Dominique M. FERRANDI Jean François	Non inscrit Sud Diaspora
M. PANTALONI Ange	Parti Socialiste
M. BALDACCI Dominique	Mouvement des radicaux de gauche
M. ZUCCARELLI Emile	
M. ALFONSI Nicolas	

Annexe 2 : *première proposition sur l'enseignement de la langue corse de l'Intergroupe des Non-Alignés.*

Langue

L'Assemblée de Corse se voit investir aux termes de la loi portant décentralisation de la Corse, de la lourde charge de définir une « politique culturelle » pour notre peuple qui s'apparente en fait à un véritable plan de sauvetage culturel.

Elle a pris acte du caractère fondamental de la langue comme ciment de la culture et de l'urgence de mettre en oeuvre une réelle politique de réappropriation culturelle, qui traduise la volonté de l'Assemblée de rendre sa langue à son Peuple.

Consciente du caractère historique de ses responsabilités, l'Assemblée de Corse a décidé de s'engager dans une politique de bilinguisme dans le cadre d'un plan triennal qui sera élaboré en concertation avec l'Etat, ce bilinguisme étant compris de la maternelle à l'Université.

Le bilinguisme pratiqué de façon extrêmement satisfaisante dans de nombreuses régions du monde et plus près de nous en Europe fera l'objet d'une étude sur ses applications contemporaines, son fonctionnement dans le cadre d'une commission ad/hoc de votre Assemblée dont les conclusions vous seront communiquées avant le 31 décembre 1983.

Dès la prochaine rentrée scolaire sera mise en place une formation accélérée des formateurs du 1er degré, du second degré et l'enseignement de la langue fera l'objet d'une modulation horaire sur la base du principe de l'enseignement obligatoire, ceci toujours dans le même cadre du plan triennal.

Cette définition de la politique culturelle de notre Assemblée appellera des démarches nécessaires auprès de l'Etat afin de mettre en harmonie éventuellement des dispositions légales et réglementaires qui s'opposeraient à notre statut particulier par l'usage de l'article 27.

D'ores et déjà et parallèlement l'usage de la langue corse sera généralisé dans le cadre de la toponymie des lieux, des villages, des villes dans le cadre de l'information et de la formation audiovisuelle ainsi que pour certains actes de la vie publique.

Intergroupe des Non-Alignés

Annexe 3 : *proposition originale sur l'enseignement obligatoire de la langue corse à l'attention de Monsieur le Premier Ministre dans le cadre de l'article 27, alinéa 3 de la loi du 2 Mars 1982.*

L'ASSEMBLEE DE CORSE SE VOIT INVESTIR AUX TERMES DE LA LOI PORTANT DECENTRALISATION DE LA CORSE DE LA LOURDE CHARGE DE DEFINIR UNE « POLITIQUE CULTURELLE » QUI S'APPARENTE A UN VERITABLE PLAN DE SAUVETAGE.
ELLE A PRIS ACTE DU CARACTERE FONDAMENTAL DE LA LANGUE COMME CIMENT DE LA CULTURE ET DE L'URGENCE DE METTRE EN OEUVRE UNE REELLE POLITIQUE DE REAPPROPRIATION CULTURELLE QUI TRADUISE LA VOLONTE DE L'ASSEMBLEE DE RENDRE SA LANGUE A SON PEUPLE.

CONSCIENTE DU CARACTERE HISTORIQUE DE SES RESPONSABILITES L'ASSEMBLEE DE CORSE A DECIDE DE S'ENGAGER DANS UNE POLITIQUE DE BILINGUISME DANS LE CADRE D'UN PLAN TRIENNAL QUI SERA ELABORE EN CONCERTATION AVEC L'ETAT, CE BILINGUISME ETANT COMPRIS DE LA MATERNELLE A L'UNIVERSITE.

LE BILINGUISME PRATIQUE DE FACON EXTREMEMENT SATISFAISANTE DANS DE TRES NOMBREUSES REGIONS DU MONDE ET PLUS PRES DE NOUS EN EUROPE FERA L'OBJET D'UNE ETUDE SUR SES APPLICATIONS CONTEMPORAINES, SON FONCTIONNEMENT DANS LE CADRE D'UNE COMMISSION AD/HOC DE VOTRE ASSEMBLEE DONT LES CONCLUSIONS VOUS SERONT COMMUNIQUEES AVANT LE 31 DECEMBRE 1983.

DES LA PROCHAINE RENTREE SCOLAIRE SERA MISE EN PLACE UNE FORMATION ACCELEREE DES FORMATEURS DU 1ER DEGRE, DU SECOND DEGRE ET L'ENSEIGNEMENT DE LA LANGUE FERA L'OBJET D'UNE MODULATION HORAIRE SUR LA BASE DU PRINCIPE DE L'ENSEIGNEMENT OBLIGATOIRE, CECI TOUJOURS DANS LE CADRE DU MEME PLAN TRIENNAL.

CETTE DEFINITION DE LA POLITIQUE CULTURELLE DE NOTRE ASSEMBLEE CONCERNANT LA LANGUE APPELLERA DES DEMARCHES NECESSAIRES AUPRES DE L'ETAT AFIN DE METTRE EN HARMONIE EVENTUELLEMENT DES DISPOSITIONS LEGALES REGLEMENTAIRES QUI S'OPPOSERAIENT A UNE APPLICATION COHERENTE DU STATUT PARTICULIER PAR L'USAGE EVENTUEL DE L'ART 27.

D'ORES ET DEJA ET PARALLEMENT L'USAGE DE LA LANGUE CORSE SERA GENERALISE DANS LE CADRE DE LA TOPONYMIE DES LIEUX, DES VILLAGES, DES VILLES , DANS LE CADRE DE L'INFORMATION ET DE LA FORMATION AUDIO-VISUELLE AINSI QUE POUR CERTAINS ACTES DE LA VIE PUBLIQUE.

PRESENTEE PAR MM : Lucien FELLI, Charles SANTONI, Dominique ALFONSI, Jean François FERRANDI, Paul PATRIARCHE, Jean COLONNA, Denis de ROCCA SERRA, Philippe CECCALDI, Edmond SIMEONI, Michel CASTELLANI, André FAZI, Maurice ACQUAVIVA, Dominique LUCCHINI, José ROSSI, Henri ANTONA,, Paul COMBETTE, Paul Donat POLI, Marie Jean VINCIGUERRA, Jean Paul de ROCCA SERRA, Jérôme POLVERINI, Jacques PACINI, Alain JAFFUEL,Charles ORNANO, Raphael CANTINI, Xavier VILLANOVA, Vincent A. DE GENTILI.

Annexe 4 : *Proposition sur l'enseignement de la langue corse envoyée au Premier Ministre après modification de sa teneur en catimini par l'exécutif en 1983.*

PROJET DE PROPOSITION A MONSIEUR LE PREMIER MINISTRE

(Article 27 -Alinéa 3 de la Loi du 2 Mars 1982)

- LANGUE -

L'ASSEMBLEE DE CORSE SE VOIT INVESTIR AUX TERMES DE LA LOI PORTANT DECENTRALISATION DE LA CORSE DE LA LOURDE CHARGE DE DEFINIR UNE "POLITIQUE CULTURELLE" QUI S'APPARENTE EN FAIT A UN VERITABLE PLAN DE SAUVETAGE CULTUREL.

ELLE A PRIS ACTE DU CARACTERE FONDAMENTAL DE LA LANGUE COMME CIMENT DE LA CULTURE ET DE L'URGENCE DE METTRE EN OEUVRE UNE REELLE POLITIQUE DE REAPPROPRIATION CULTURELLE QUI TRADUISE LA VOLONTE DE L'ASSEMBLEE DE RENDRE SA LANGUE A SON PEUPLE.

CONSCIENTE DU CARACTERE HISTORIQUE DE SES RESPONSABILITES, L'ASSEMBLEE DE CORSE A DECIDE DE S'ENGAGER DANS UNE POLITIQUE DE BILINGUISME DANS LE CADRE D'UN PLAN TRIENNAL QUI SERA ELABORE EN CONCERTATION AVEC L'ETAT, CE BILINGUISME ETANT COMPRIS DE LA MATERNELLE A L'UNIVERSITE.

LE BILINGUISME PRATIQUE DE FACON EXTREMEMENT SATISFAISANTE DANS DE TRES NOMBREUSES REGIONS DU MONDE ET PLUS PRES DE NOUS EN EUROPE FERA L'OBJET D'UNE ETUDE SUR SES APPLICATIONS CONTEMPORAINES, SON FONCTIONNEMENT, DANS LE CADRE D'UNE COMMISSION AD HOC DE VOTRE ASSEMBLEE DONT LES CONCLUSIONS VOUS SERONT COMMUNIQUEES AVANT LE 31 DECEMBRE 1983.

DES LA PROCHAINE RENTREE SCOLAIRE, SERA MISE EN PLACE UNE FORMATION ACCELEREE DES FORMATEURS DU 1ER DEGRE, DU SECOND DEGRE ET L'ENSEIGNEMENT DE LA LANGUE FERA L'OBJET D'UNE MODULATION HORAIRE SUR LA BASE DU PRINCIPE DE L'ENSEIGNEMENT OBLIGATOIRE, CECI TOUJOURS DANS LE CADRE DU MEME PLAN TRIENNAL.

CETTE DEFINITION DE LA POLITIQUE CULTURELLE DE NOTRE ASSEMBLEE CONCERNANT LA LANGUE APPELLERA DES DEMARCHES NECESSAIRES AUPRES DE L'ETAT AFIN DE METTRE EN HARMONIE EVENTUELLEMENT DES DISPOSITIONS LEGALES ET REGLEMENTAIRES QUI S'OPPOSERAIENT A UNE APPLICATION COHERENTE DU STATUT PARTICULIER PAR L'USAGE EVENTUEL DE L'ARTICLE 27.

D'ORES ET DEJA PARALLELEMENT L'USAGE DE LA LANGUE CORSE SERA GENERALISEE DANS LE CADRE DE LA TOPONYMIE DES LIEUX, DES VILLAGES, DES VILLES, DANS LE CADRE DE L'INFORMATION ET DE LA FORMATION AUDIOVISUELLE AINSI QUE POUR CERTAINS ACTES DE LA VIE PUBLIQUE.

Annexe 5 : *Lettre du Premier Ministre, Pierre Mauroy de septembre 1983*

La lettre du Premier ministre : « Langue et culture corses dans le respect du pluralisme »

Voici le texte intégral de la lettre adressée le 30 septembre 1983 par M. Pierre Mauroy, Premier ministre, au président Prosper Alfonsi. Cette publication est faite pour éclairer totalement le débat public sur un point particulièrement important (les intertitres sont de notre rédaction).

Par lettre du 13 juillet dernier vous avez bien voulu me transmettre la proposition de l'Assemblée de Corse concernant l'enseignement de la langue corse.

La décision de votre Assemblée de s'engager dans une politique de bilinguisme dans le cadre d'un plan triennal élaboré en concertation avec l'État rejoint tout à fait la volonté du gouvernement de contribuer au développement des identités régionales, notamment dans les domaines culturel et linguistique.

Dans cette perspective, en vue de mettre un terme à plusieurs décennies d'uniformisation, le gouvernement a engagé dès la rentrée scolaire de 1982 une politique visant à assurer la prise en compte de l'enseignement des cultures et des langues régionales par l'enseignement public.

L'engagement de l'Etat

Dans sa circulaire du 21 juin 1982, le ministre de l'Education nationale a précisé que des dispositions devaient être prises pour mettre le service public de l'Education nationale en mesure de dispenser, de la maternelle à l'Université, un enseignement des cultures et langues régionales qui puisse prendre place de façon cohérente dans l'ensemble de la formation des élèves qui choisiront cet enseignement. La mise en place de ces enseignements traduit la reconnaissance du fait régional dans toutes ses dimensions, la volonté de sauvegarder un élément essentiel du patrimoine national et le souci de répondre à la demande des familles dans ce domaine.

La politique ainsi conduite depuis 1982 marque clairement l'engagement de l'État de donner un véritable statut à chaque langue et culture régionale dans l'enseignement public. Les enseignements dispensés à cette fin doivent être considérés comme une matière spécifique et disposer des mêmes moyens que ceux de l'enseignement obligatoire : cadre horaire, programmes, formation des personnels, enseignement par correspondance, recherche scientifique et production de documentation pédagogique.

Un programme sans précédent

A la rentrée 1983, deuxième année du programme engagé par le gouvernement – programme dont il y a lieu de souligner qu'il est sans précédent dans ce domaine depuis la création de l'enseignement public – les premiers progrès constatés pour la Corse tels qu'ils m'ont été exposés par le ministre de l'Education nationale sont loin d'être négligeables : un enseignement du corse ou un enseignement en corse est assuré dans les classes maternelles et primaires dans 295 écoles sur 335 ; le nombre des conseillers pédagogiques a été porté à 12 à la présente rentrée, alors qu'il n'en existait que 3 en 1980-1981, les options pour la langue et la culture corses ont été mises en place dans 19 collèges sur 26 et dans 10 lycées sur 11, enfin le nombre des étudiants en Corse à l'Université s'est fortement accru, puisqu'il s'élève à près de 700.

Ces indications font nettement apparaître que, conformément aux vœux de votre Assemblée, l'enseignement de la culture et de la langue corses est doté progressivement de moyens comparables à ceux des enseignements obligatoires.

Etudier des actions concertées

Si aujourd'hui, l'Assemblée de Corse souhaite accélérer ce mouvement et apporter son concours à l'action de l'Etat, comme cela se fait déjà dans d'autres régions de France, un programme d'actions concertées pourrait être étudié. Les indications qui me sont données par le ministre de l'Education nationale montrent que la coopération entre la Région de Corse et l'Etat pourrait être développée utilement dans deux directions :

❶ L'Assemblée de Corse pourrait sur plusieurs points apporter son soutien au programme en cours notamment en ce qui concerne l'enseignement par correspondance, la formation continue des maîtres et le développement de la documentation pédagogique ;

❷ Conformément à l'article 2 de la loi du 30 juillet 1982, l'Assemblée de Corse pourrait, sur votre proposition, organiser des « activités éducatives complémentaires » dans les écoles, dans les collèges, dans les lycées et à l'Université ; ce qui permettrait aux établissements d'enseignement de répondre encore mieux aux besoins, dans le cadre de l'autonomie accrue qui leur est aujourd'hui reconnue.

De telles actions entreraient bien dans le cadre de la politique éducative menée par le gouvernement, tendant à une diversification de l'enseignement en fonction des besoins spécifiques des élèves. Cette politique est fondée sur la reconnaissance du droit à la différence et sur le respect de l'identité de chacun. C'est sur ces mêmes principes qu'est fondée la nouvelle poli[illegible]que en faveur des langues [illegible] cultures régionales.

Pas d'enseignement imposé

Dans ces conditions, vous comprendrez que les actions engagées par l'État dans ce domaine ne peuvent l'être que dans le respect du pluralisme auquel le gouvernement et le peuple français sont profondément attachés, il ne saurait donc être question si l'on considère la demande des Français et les besoins de formation des jeunes dans des domaines de plus en plus diversifiés, d'imposer à ceux qui ne voudraient pas le suivre un tel enseignement, quelle que soit la richesse de son apport culturel.

En définitive, ne croyez-vous pas que la richesse et le dynamisme d'une langue et d'une culture ne sauraient être mi[illegible] assurés que dans la liberté et [illegible] possibilité effective donnée à tous d'y avoir accès ?

Votre assemblée a également proposé que l'usage de la langue corse soit généralisé dans la toponymie des lieux, des villages et des villes et dans ses applications pratiques.

Sur ce point, je suis tout à fait disposé à ce que vous procédiez à une étude avec le Commissaire de la République de votre région, afin d'établir des propositions qui pourraient être soumises au ministre de l'Intérieur et de la Décentralisation.

Annexe 6 : *Article de Corse Matin du 11 octobre 1983*

Langue corse : une lettre de Matignon qui relance le débat...

Il est 11 h. 30 lorsque M. Prosper Alfonsi donne à l'Assemblée lecture d e la lettre du Premier ministre (voir ci-dessous). M. Pierre Mauroy marque qu'il n'est pas favorable à l'enseignement obligatoire de la langue corse, mais confirme que tout doit être mis en œuvre pour lui permettre de s'épanouir. Alors va s'engager un débat qui se prolongera pendant plus d'une heure...

1er intervenant, M. Jean-François Ferrandi ne ménage guère le Premier ministre, mais précise qu'une « manipulation » du texte adopté le 8 juillet a eu lieu. On a transmis au Premier ministre une motion indiquant « l'enseignement de la langue corse fera l'objet d'une modulation horaire sur la base du principe de l'enseignement disposant des moyens de l'enseignement obligatoire » (texte proposé par le PCF) alors que le texte voté par 37 voix et 7 abstentions (le PCF) — il y avait 17 absents — disait simplement « enseignement obligatoire de la langue corse, de la maternelle à l'Université ». Erreur de transcription, dans la confusion d'une fin de session et d'un scrutin hâtif. Mais Matignon avait tenu compte de cette erreur dont il avait été informé, précisent MM. Felli et Prosper Alfonsi.

« La question est de savoir comment l'Assemblée va réagir à la lettre de M. Mauroy », ajoute M. Lucien Felli, qui estime le moment venu de constituer la commission ad'hoc alors prévue pour réfléchir aux modalités. Tout le débat tournera autour de cette question, après des interventions souvent explicatives (MM. Paul Bungelmi, Dominique Bucchini) ou de fond (M. Castellani : « il y a une différence de nature entre ce que nous avons demandé et ce qu'on accepte de faire ». M. Charles Santoni : « l'enseignement obligatoire peut être assorti de dérogations pour ceux qui n'en voudraient pas »).

Un appel à la sagesse

M. Maurice Acquaviva suggère : « Votons à nouveau pour lever toute ambiguité. Le président de la République nous a dit « soyez vous-mêmes ». C'est ce que nous avons fait ». M. Jean Baggioni ne saurait « faire quelque entorse que ce soit aux lois de la République », soulignant que tout le monde est pour la sauvegarde de la langue corse. « Remettons les pendules à l'heure, formons la commission prévue. Tout ça mérite réflexion ample et approfondie. Et s'il faut un nouveau vote, revotons. Ne mettons point de passion là où il ne faut que sagesse ».

Cette intervention recueille l'assentiment général. M. Toussaint Luciani rappelle l'unanimité (moins l'absention du PCF). M. Marie-Jean Vinciguerra, est convaincu que l'on peut s'entendre si l'on dépasse zizanies et habitudes et si l'on travaille autrement. M. José Rossi propose, d'entreprendre « un dialogue plus constructif avec le gouvernement » sur la base des travaux de groupe spécialisé à mettre en place. M. Charles Santoni souhaite que l'Assemblée ne se déchire pas « par des querelles théologiques » et se prononce lui aussi pour le groupe spécialisé, comme le feront MM. Ange Pantaloni et Vincent Carlotti, après un vibrant plaidoyer de M. André Fazi en langue corse (« si l'on en reste là, notre langue mourra à petit feu. Il faut dire aujourd'hui, face à l'opinion publique, ce qu'on veut. Clairement »). Enfin, M. Bungelmi développe la position du PCF, préférant « le binlinguisme assumé par le peuple au bilinguisme imposé » : « aucun décret ne règlera le problème ».

Sur proposition de M. Felli, il est alors décidé que la commission « ad'hoc » groupe spécialisé pour reprendre le dialogue avec Paris, sera composée de neuf membres à désigner par les groupes, à la proportionnelle. **P.S.**

***Annexe 7** : Proposition de modification du Statut Particulier, dans le cadre de l'article 27, visant à intégrer la notion de Peuple Corse de Novembre 1983.*

En vertu de l'article 27 de la loi du 2 Mars 1982, portant Statut Particulier de la Corse, l'Assemblée de Corse demande à Monsieur le Premier Ministre de tirer les conséquences par les moyens législatifs et réglementaires les mieux adaptés, des fondements du Statut Particulier de la Corse, et cela sans préjuger des compétences.

Elle souhaite que le Statut Particulier de la Corse prenne en compte la notion de Peuple Corse d'une façon explicite. La Corse étant partie intégrante de la République Française, le Peuple Corse constitue une Communauté Historique, Culturelle et Sociale spécifique au sein de celle-ci. Cette démarche sera de nature à satisfaire l'aspiration à la reconnaissance qui se manifeste de plus en plus fort au sein du Peuple Corse et de la sorte à contribuer à son unité.

L'Assemblée de Corse souhaite donc que tous les problèmes qui concernent la Corse soient abordés sous l'angle de la Communauté Historique qu'est le Peuple Corse et que d'ores et déjà le gouvernement en tire les conséquences en retenant une série de mesures concrètes :

- enseignement obligatoire de la langue corse et bilinguisme; son organisation, sa programmation, comme une matière fondamentale sans préjudice de dérogation sur demande individuelle de ceux qui n'y ont pas d'intérêt d'établissement permanent ou vocation native.

- corsisation progressive et modulée des emplois en retenant principalement la notion d'appartenance à la Communauté

Corse et en adaptant le Statut de la fonction publique (recrutement et promotion) en ce qui concerne la Corse.

- l'adoption d'une législation économique et fiscale particulière à la Corse pour relancer l'investissement et la production, protéger notre économie et éviter que des tutelles extérieures ne pèsent sur l'économie insulaire, et pour ce faire, que soit retenue la notion de réparation historique.

L'acceptation de telles propositions paraît de nature à permettre par la voie démocratique la réalisation des évolutions indispensables. Cela contribuerait à satisfaire l'affirmation de l'identité du Peuple Corse, et à garantir le progrès économique et social dans la paix civile.

Petite bibliographie

Corse

Ouvrages généraux

A Riscossa – Le procès d'un peuple.- Bastia, *1980*
Acquaviva Sabino.- Corsica, *storia di un genocido*. Milan, F. Angeli, *1982*
Delors J.P., Muracciole S.- *Corse, la poudrière* - Paris, A. Moreau, *1978*
Dottelonde Pierre.- *Corse, la métamorphose*.- Ajacciu, Albiana, *1987*
Dressler-Holohan Wanda.- *Le Statut particulier à l'épreuve de la réalité insulaire*.- Les Temps modernes.- Février *1985*
F.R.C.- *Main basse sur une île*.- Paris, Jérôme Martineau, *1971*
Gil José.- *La Corse entre la liberté et la terreur*.- Paris, La Différence, *1991*
Yvia-Croce Hyacinthe.- *Vingt années de corsisme, 1920*
Marchetti Pascal.- *Une mémoire pour la Corse*. - Paris, Flammarion, *1980*
Martinetti Joseph.- *Insularité et marginalité en Méditerranée occidentale : l'exemple corse*.- Corti, Le Signet, *1989*
Meistersheim Anne.- *Territoire et insularité : le cas de la Corse*, Paris, *1991*
Ravis-Giordani Georges.- *L'île miroir*.- Ajacciu, La Marge, *1989*
Renucci Janine.- *La Corse*.- Paris P.U.F, *1993*

Etudes, revues , articles et rapports

Eléments de réflexion sur les conditions et les moyens du développement touristique en Corse.- *Insee-Scet, 1985*

Le développement de la micro-région de Porti-Vechju, Pascale-Letizia Ferrandi, Corti, *Mémoire de DESS, 1994*

Economie insulaire et développement endogène.- *Idim, 1985*

Les îles européennes : identité culturelle, *Idim, 1989*

Publications Insee, *Economie corse, T.E.C, 1986, 1991, 1994*

Le plan de développement de la Corse - *1993*

Paris, Rome et la Corse .- *Commentaire* n° 46, *1989*

The socio-economic consequences of completing the internal market for the island regions of the European community, cases studies, *Ernst and Young, 1989*

Portait des régions, *Eurostat*

Une obsédante insularité, *le Monde, 25 nov. 1991*

Une économie coincée, A.Giraudo, *le Monde, 27 nov. 1990*

L'utopie devient réalité, J.F. Ferrandi, *Kyrn, juin 1982*

Rapport Prada, *1990*

Corsega, Sardenya, per les reivindicacions nacionals, *Publicacions de l'Abadia de Montserrat, 1978*

Sardaigne

Ouvrages généraux

Braudel Fernand.- *La Méditerranée et le monde méditerranéen*.- Armand Colin, *1966*
Brigaglia Manlio.- *La Sardegna*.- Edizione Della Torre, Cagliari, *1982*
Cassano Franco.- *Il pensiero meridiano*.- Sagittari Laterza, Roma-Bari, *1996*
Deledda Grazia.- *Elias Portolu-* Mondadori, Milano, *1941*
Deledda Grazia.- *Les tentations*, Ombres, Toulouse, *1989*
Dessi Giuseppe.-*Pays d'ombres*.- Actes Sud,*1991*
Gramsci Antonio- *Quaderni del carcere*, Torino, *1975*
Le Lannou Maurice.-*Pâtres et paysans de la Sardaigne*, Tours, thèse, *1941*
Salvi Sergio.- *L'Italia non esiste*.-Camunia, Firenze, *1996*
Satta Salvatore.- *Le jour du jugement*, Gallimard, *1981*
SolinasGigi.- *Sardegna e Corsica da sempre isole sorelle, Chiarelli-Sassari, 1986*

Etudes, revues, articles et rapports

L'industrialisation en Sardaigne, *Cahiers de l'économie sarde, G.Satta Et M. L. Sini, 1971*

Conjoncture et crise structurelle en Sardaigne, *Cahiers de l'économie sarde, n° 4, 1975*

Prolétariat et classe moyenne en Sardaigne, *Bari, M. Lelli, 1975*

La disgregazione urbana nel nord-Sardegna, la rinascita fallita, *Sassari, C.Pitto, 1975,*

Relazione della Commissione parlamentare d'inchiesta sui fenomeni di criminalità in Sardegna, *Roma, 1972*

Il golpe di Ottana, *Milano, G. Columbu, 1975*

La crise de l'activité minière et le rôle du service public, Rome, *Sabbatini-Moro, 1975*

Un identikit del pastore, in *Ichnusa, n° 1, mars 1982*

Aspects et problèmes de la montagne sarde, *L. Idda, Sassari, 1969*

Les problèmes de l'artisanat en Sardaigne, *La progammazione in Sardegna, n° 82-83, 1980*

I fattori culturale dello sviluppo economico in Sardegna, *Milano, Vita e pensiero, 1959*

L'economia pastorale della Sardegna moderna, Cagliari, *Edizione della torre, 1981*

Transformer l'insularité en une force, Mario Melis, *Kyrn, juin 1989*

Cadre communautaire d'appui, Sardegna, *1989-1993*

Popolazione, forza di lavoro e occupazione in Sardegna, *Studi di economia, n° 3, E. Guarini, 1975*

Struttura dell'occupazione e mercato del lavoro in Sardegna - i rapporti della dependenza, *Sassari, A. Merler, 1976*

Costante resistenziale sarda, *Studi sassaresi, G.Lilliu, 1970*

Il fattore nazione, dossier n° 9, *Monde diplomatique, nov. 1981*

Dal sardismo al neosardismo : crisi autonomistica e mitologia locale, *il Mulinu n° 263, G. Melis , mai 1979*

Bilinguismo e cultura in Sardegna, *Ichnusa n° 35, 1960*

Il dibattito sulla crisi e il rilancio dell'autonomia sarda, *le Regione, U.Allegretti, 1981*

Le nazione proibiti.- Guida a dieci colonie interne del Europa occidentale, *Firenze, 1973*

Costa Smeralda, come nasce una favola turistica, Milano, *U.Bandinu, 1980*

Le problème de la contrebande entre la Sardaigne et la Corse : aspects économiques et implications politiques et diplomatiques dans *Politica, economia e società, in Sardegna, nell'età moderna, Cagliari, C.Sole, 1978*

Etnia, Lingua, Cultura, un dibattito aperto in Sardegna - *a cura di Giannetta Murru Corriga, Edes Editrice, Cagliari, 1977*

Index des noms cités

Annexes statistiques

Commerce extérieur

Importations, de Sardaigne, de produits agricoles
(tonnes)

	1990	1991	1992	1993
ovins	9	0,3	3,5	22
équidés	0	0	0	8
lait	0	0	0	56
fromages	0	0	21,8	1
ouvrages en liège	35	49	15,5	33,5
liège aggloméré	24,5	17,5	28	9,5
fruits et légumes	0	13,2	0	13
vins	0	0	0	0,2
poissons	0	0	0	0,2
bière	0	0	0,45	0,15
bois	0,4	0	0	2,5
bois sciés	42,4	93	69	0
plants de pépinière	0	0	0	9,3
épicerie	0	0	0	6,5
avoine	0	0	0	3
eaux naturelles	0	0	26	0
dattes, figues	0	0	2,2	0
laine	0,4	0	0	0

Importations, de Sardaigne, de produits industriels

(en tonnes)

	1990	1991	1992	1993
matériaux construction				
dont ciments	82	19	138	186
" agglomérés	73	101	52	970
" tuiles	234	506	91	0
" carrelages	425	979	710	54
" chaux	6	42	4	0
" pierre de taille	127	28	222	75
" briques	90	723	248	32
" sables, graviers	0	0	0	110
objets manufacturés				
dont meubles	16	32	35	28
papier, carton	5	34	109	90
verrerie, céramique	0	11	37	23
machines d'extraction	19	15	32	40
produits métallurgiques				
dont barres laminées	19	24	20	0
fil machine, fil fer	100	9	18	2
produits chimiques				
dont carbochimie	0	10	0	14

Exportations, de Corse vers la Sardaigne, de produits agricoles
(en kilos)

	1990	1991	1992	1993
maïs	0	947 840	1 060 780	64 400
vin de table AOC	4 200 *	0	0	0
œufs	1 063	460	0	0
farines	49 200	29 600	0	0
bovins	2 960	0	0	0
châtaignes	0	1 000	0	0
noix	0	775	0	0
mandarines	0	152 000	54 769	0
miel	0	630	0	0
légumes, fruits frais	0	0	0	237 000
eaux minérales	0	0	0	1 800
épicerie	0	0	0	2 183
animaux vivants	0	0	0	20 000
plantes	0	0	0	2000

* Via Porti-Vechju

Tonnages transitant par Pruprianu

	1992	1993
bois en grumes	733	240
bois de chauffage	2400	3235
liège brut	230	55
Total	3360	4463

Le tourisme en Sardaigne et en Corse

Répartition des nuitées, en Corse et en Sardaigne en 1985

	Sardaigne	Corse
	en millions	*en millions*
nuitées	25	19,5
Dont hébergements prof	5	7,5
	en %	*en %*
nationaux	95	65
insulaires	28	20
répartition temporelle	*en %*	*en %*
juillet/août	89	68
été	97	86
répartition géographique	*en %*	*en %*
littoral	91	61
intérieur	4	10
itinérant	5	29

Hébergement touristique

	Sardaigne			Corse		
	1975	1985	75/85	1976	1985	75/85
hôtels	472	524	+10%	415	424	+2%
Dont hôt luxe	127	172	+36%	-	67	-
lits	28 370	39 336	+39%	21 800	22 070	+1%
campings	29	74	+155%	62	166	
lits	13 055	51 647	+295%	16 000	53 962	+237%

Répartition des lits d'hôtel par province en Sardaigne

	Cagliari	%	Nuoro	%	Sassari	%	Oristano
1975	7498	100	4662	100	15 381	100	829
1980	9364	127	6819	146	19 202	124	862
1986	12 576	167	8704	186	21 422	139	1134
1992	15 591	207	11 811	253	27 628	179	1447

Répartition des lits de camping et villages de vacances, en 1992

Sassari	26 538
Nuoro	15 352
Cagliari	13 124
Oristano	3 658
Total	58 672

Nombre de touristes d'hôtel (Province de Sassari), en 1992

	clients	nuitées	clients étrangers
Janvier	13 693	34 186	644
Février	14 219	36 018	700
Mars	25 897	58 410	2 019
Avril	44 306	96 854	3 096
Mai	56 913	167 168	14 419
Juin	75 131	348 321	13 964
Juillet	69 789	507 414	12 975
Août	89 986	650 682	11 756
Septembre	85 070	463 416	12 740
Octobre	28 246	109 632	5 447
Novembre	15 647	41 980	737
Décembre	14 389	34 691	628

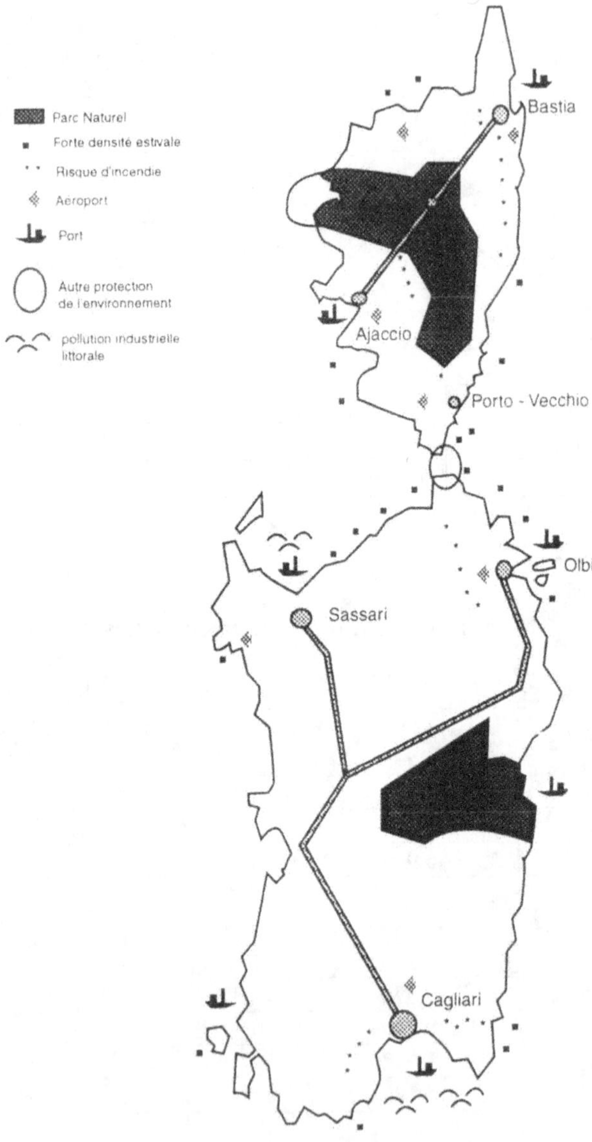
Parc Naturel
Forte densité estivale
Risque d'incendie
Aéroport
Port
Autre protection de l'environnement
pollution industrielle littorale
Bastia
Ajaccio
Porto - Vecchio
Olbia
Sassari
Cagliari

Collection *Economie et Innovation*

dirigée par S. Boutillier et D. Uzunidis

Dans cette collection sont publiés des ouvrages d'économie et/ou de sociologie industrielle, financière et du travail mettant l'accent sur les transformations économiques et sociales suite à l'introduction de nouvelles techniques et méthodes de production.

Thèmes privilégiés :

- théorie économique de l'innovation
- le progrès technique dans l'histoire de la pensée économique
- stratégies des acteurs économiques et sociaux face au changement technique
- nouveaux rapports économiques internationaux, place de la finance et de l'industrie
- nouvelles approches organisationnelles
- entrepreneurs et entreprises
- Etat et croissance économique : régulation/dérégulation
- analyse prospective et méthodes d'évaluation des programmes scientifiques et techniques
- innovation technologique et travail
- gestion du temps de travail et libéralisation des économies

Les ouvrages de cette collection s'adressent aux étudiants de maîtrise de sciences économiques et de sociologie, aux étudiants des grandes écoles et aux chercheurs et enseignants-chercheurs.

Déjà parus

J. L. CACCOMO, *Les défis économiques de l'information. La numérisation*, 1996.

D. UZUNIDIS, S. BOUTILLIER, *Le travail bradé. Automatisation, flexibilité et mondialisation*, 1997.

C. PALLOIX, Y. RIZOPOULOS, *Firmes et économies industrielle*, 1997.

P. LAFARGUE, *Le déterminisme économique de Karl Marx*, série Krisis, 1997.

A. MAILLARD, *Le marché inhumain*, 1998.

B. LAPERCHE, *La firme et l'information. Innover pour conquérir*, 1998.

S. SAMMUT, *Jeune entreprise, la phase cruciale de démarrage*, 1998.

N.EL MEKKAOUI DE FREITAS, *Fonds de pension et marchés financiers*, 1999.

Collection Logiques Economiques
dirigée par Gérard Duthil

Dernières parutions

VERNA Gérard, DROUVOT Hubert, *Réaliser des projets dans le tiers-monde*, 1993.
DUTHIL Gérard, *Les politiques salariales en France, 1960-1992*, 1993.
GALLOUJ Faiz, *Economie de l'innovation dans les services*, 1994.
COURLET Claude, SOULAGE Bernard, *Industrie, territoires et politiques publiques*, 1994.
MAYOUKOU Célestin, *Le système des tontines en Afrique. Un système bancaire informel*, 1994.
WILMOTS A., *Crises et turbulences du commerce international*, 1995.
DJELLAL Faridah, *Changement technique et conseil en technologie de l'information*, 1995.
GOUJON Daniel, *Mutations technologiques*, 1995.
JULIEN P.-A., LEO P. -Y., PHILIPPE J. (eds), *PME et grands marchés. PME québécoises et françaises face à l'ALENA et au Marché unique*, 1995.
PALLOIX Christian, *Société et économie ou les marchands et l'industrie*, 1996.
KEYNES John MAYNARD,*Comment payer la guerre*, 1996.
ABDELMALKI Lahsen, COURLET Claude, *Les nouvelles logiques du développement*, 1996.
NOEL Michel, *Régions canadiennes dans l'économie mondiale*, 1996.
BELLIVIER Muriel, *Le Juste-à-temps*, 1996.
PARMENTIER J.M., TENCONI R., *La zone Franc en Afrique*, 1996.
REIMAT Anne, *Des retraites et l'économie*, 1997.
BECART Alain, *Intégration et développement*, 1997.
HARRIBEY Jean-Marie, *L'économie économe. Le développement soutenable par la réduction du temps de travail*, 1997.
BELKACEM Rachid, *L'Institutionalisation du travail intérimaire en France et en Allemagne*, 1998.
GUÉVORKIAN Kariné, *L'économie «non enregistrée»*, 1998.
PICHAULT, WARNOTTE, WILKIN, *La fonction ressources humaines face aux restructurations*, 1998.
MÉHAUT Philippe, MOSSÉ Philippe (coord.), *Les politiques sociales catégorielles*, Tomes 1 et 2, 1998.

www.ingramcontent.com/pod-product-compliance
Lightning Source LLC
LaVergne TN
LVHW010940051026
849532LV00003B/1073